AQUARIUS

AQUARIUS

AQUARIUS

AQUARIUS

Catcher

一如《麥田捕手》的主角，
我們站在危險的崖邊，
抓住每一個跑向懸崖的孩子。
Catcher，是對孩子的一生守護。

一對諮商父母的教養書

做情緒的小主人

王理書—著

【自序】幸福不是漫天蓋地，而在生活中深情撿拾

昨天開車經過一條小巷子，目睹車禍現場。我將車子在路邊小停，跟女兒旦旦說：「你等等，媽媽想送光給那兩個人。」那是一名躺在地上的歐巴桑以及一名無助的卡車司機。

送完光之後，三歲的女兒問：「為什麼摩托車會跟卡車相撞？」我說：「就像我們走路有時候會跌倒，人生有時候會無常啊！」母女在嘀咕對話後，手牽手過馬路，在新竹的護城河畔，撕下一小片一小片吐司，餵魚，餵小鳥。

女兒澄明地在她的快樂中，我的心思回到方才馬路上的兩人。是否，這樣一起意外，讓兩個家庭開始一段艱辛的奮鬥時光呢？而在艱辛的生活裡，他們從何處得到愛的滋養？

最近的我，經常能感受到「世界的浮動與變化」，在變化的局勢裡，無常才是

恆常。因此，特別珍惜能相互陪伴的時光。能與媽媽手牽手在公園散步，能感受女兒貼在耳後柔軟愛笑的臉頰，能看著兒子快樂地踢球，能與老公相約吃個午餐，說說貼心話或吵吵架……這些生活中的平凡時刻，在我的知覺經驗裡，嗅聞起來有濃郁的芬芳，散發出淡淡的金色光澤。

珍惜此刻幸福的我，深深記得無常來襲的凜冽。

《帶著傷心前行》的故事，訴說那段凜冽而深刻的記憶，許多諮商界的朋友推薦給個案看，陪伴失親的心碎。《做孩子心中的小太陽》則寫出教養孩子的小法寶，許多讀者紛紛學會「把害羞交給我」的親子魔法。

而眼前的手稿，寶瓶的第三本書，說的是：「在生活裡撿拾下來的幸福」。這些記憶，當時若沒有寫下，有百分之八十是遺忘的。因為，這些記憶如此細碎，如此輕盈，如天使掉落的羽毛，它帶來愛與光的訊息，卻又如此容易視而不見。

打開自己的手稿，一個又一個小故事，像魔術帽中變出兔子鮮花一樣，連自己都驚喜。原來，當年樹是這樣學會上學不哭的……是耶，他跟爸爸有過權力爭奪期！還有，兒子曾經那麼ㄍㄧㄥ才說出他的第一個「對不起」！閱讀這些帶著甜蜜芬芳的文字，心也被照亮了。

兒子樹已經是個凡事都有自己看法的小一學生，經常，在我們需求不合相互協商時，我感受到，自己與兒子有一種契合與關愛，我們會彼此退讓。這關愛的基礎，是在他幼兒時，我們共同挖掘的愛之泉源吧！例如，我可以說：「先洗澡的打屁股三百下！」樹會立刻大聲說：「我要。」他很愛被我打，是那種輕輕拍打皮膚的舒服享受。

拍打他，是樹恢復被關愛能量的活動；透過拍打全身上下，甚至打個七八百下，不只接收到觸碰的溫柔能量，還兼做穴道按摩。在這本書裡，可以閱讀到，當年在生活裡很細微的小地方，我們如何共同挖掘這道深泉。

分享一段最近描寫的親子關係：

年初三，是婆家的大家族聚，我們的責任是盡早回去，讓阿祖開心，接著去餐廳，和三十多位親族聚餐。樹一進阿祖家門，就有禮貌地拿到了遙控器，聚精會神看著《海綿寶寶》。大夥兒要出發了，我要他關電視，他用生氣口吻說：「為什麼要出去吃飯？在家裡吃不就好了？」走去餐廳的路上，他甚至氣哭了。

我停下來，摸摸他的臉蛋，我說：「樹，你能看電視，是因為有眼睛和耳朵對不對？」他點點頭，淚水流下來。

「記得媽媽帶過你，謝謝你的眼睛和身體，那次你很開心，記得嗎？」他點點頭，放鬆一些。於是我繼續說，說起誰讓他擁有身體，他要謝謝爸爸，那又是誰讓他的爸爸擁有身體……他要謝謝阿公；那阿公的爸爸又是誰？於是我說了，「今天，我們要跟阿公的兄弟姊妹吃飯！要跟你爸爸遠方的兄弟姊妹吃飯！」「這是很珍貴的，很遠的兄弟姊妹，你相信嗎？這群人身上，有一半以上的人，跟你擁有相同的DNA源頭，因為，你們都是從同一個阿祖和女阿祖來的。」

樹平靜了，這個故事讓他有了意義感，他在餐廳，與自己的表哥坐在一起，雖然沒有敞開心去認識其他人，他張開眼睛看著一屋子的親族，開懷的享受食物；在大家舉杯時他睜眼看著，我覺得他的心逐漸朝向這群有點陌生的親族打開了。

做情緒的主人，逐漸成為社會顯學，「如何既做自己又與人連結，如何不委屈自己又與人相親相愛？」成了熱門工作坊的主題。在變革浮動的世局中，恆常而穩固的滋養，是來自於生活細碎平凡處，真心與理解的相遇吧！這是一本這樣的書，即使作者如我，都能從其中得到滋養的書。

故事裡的四個主要角色：

樹：老大，男，二〇〇二年出生。

旦：老二，女，二〇〇六年出生。

我：本名理書，靈性名字Mali，他們的媽。

展：我的老公，孩子們的爸。

目錄

做情緒的小主人——一對諮商父母的教養書

CH2 甜蜜與溫柔

CH3 澄明與信任

CH4 驚豔與珍惜

CH1
敏感與愛

敏感與愛蒐集了我們家兩個孩子（主要是哥哥）敏感的性格，
迎接他的敏感，我們激發出許多動人的，愛的片刻。

預哭畢業的眼淚

「因為會有分離，我們就會學到最重要的事情，那就是珍惜。」

我補充問：「你知道什麼是珍惜嗎？」「不知道。」小人兒回答。

這是樹五歲八個月的樣子。

昨晚唱著歌煮飯時，展帶著兩個孩子回來了。旦旦睡著了，睡在爸爸的臂彎裡，樹則淚漣漣地，有傷心的能量，聽他喃喃說：「我不要，我不要離開親仁。」我將瓦斯關小火，蹲下來問他怎麼了。

他繼續口齒不清地哭泣著，斷續說：「我不要離開親仁……我要每一天都到那裡……」「我很喜歡那裡……我要永遠都去那兒。」原來小人兒意識到自己在幼稚園只剩一年的時光，開始了別離的傷悲，他還特地加強語氣，「每一天」、「永遠」。

看他這樣哭我還滿欣賞的，覺得他可愛，我第一個念頭想輕鬆地說：「沒關係啊，你上小一的時候，媽媽還會讓你去那裡上安親班。」但是孩子抱在懷裡，感受到他的真摯情意，心中一凜。於是我正色地說：

「你很喜歡那裡，你永遠都不想要跟它分離，對嗎？」

「嗯。」他哭得更多，但心安定下來，像是被我捧住一樣。

「媽媽小時候也跟你一樣，想要跟很多人永遠不分開的……」話鋒一轉，「你知道，分離是會發生的……就像不只你要離開親仁……我說過，有一天，爸爸媽媽也會離開你……你記得嗎？」

我聽見遠方的展深呼吸一口氣，困惑又好奇地聆聽我，還會說出什麼驚人之語。

懷裡的小人兒點點頭，心更安定下來，害怕失去我們的恐懼與傷悲，是他兩歲半至四歲半的議題，我們討論過好多次，所以，當我提起這更大的真實以後，他反倒有力量了，關於幼稚園要畢業的事成為小事，他正在面對一個更大的真相。

「我知道。」樹開始能清晰說話。「是啊，我們討論過，即使那一天到了，你身邊還是會有人愛你，照顧你。」「只是你心裡會很想念我們，是嗎？」我表達我的心。「嗯。」懷中的樹又點頭。

「因為會有分離，我們就會學到最重要的事情，那就是珍惜。」

我補充問：「你知道什麼是珍惜嗎？」「不知道。」小人兒回答。

「珍惜就是，你口袋有五顆糖……吃到最後一顆，你知道就要吃完了，所以你就特別用心吃，吃得特別有味道，這就是珍惜，你現在知道了嗎？」「知道。」小人兒點點頭。

「所以，你在親仁還有半年多，還有兩百多天，你可以很珍惜地過每一天。」「就像你也要好好珍惜爸媽還在你身邊的時候。」「媽媽也很珍惜你這麼小，我還可以完全地把你抱在懷裡，讓你哭哭的時候，你知道嗎？」「嗯。」小人兒平靜了。

我將他整個抱起來，像抱旦旦一樣，讓他坐在我臂彎。

他已經好高了，抱起來的時候頭比我高，快撞到排油煙機，我開始單手炒菜，繼續說話：「你看啊，當小孩的好處就是可以被抱起來，讓媽媽邊煮飯邊抱你，要好好珍惜你是個小孩的時候喔！」

「知道了！」他已經會笑了，我將他放下，他跑去玩，整個晚上瘋狂快樂。

陽光進入，傷悲化為光，蒸融成光子飛到天空了。

到了睡前，他自動跑來跟我說：「每次哭哭的時候，我的心都會有好多種顏色，到了哭完的時候，我的心就變成像彩虹一樣的顏色了，真好。」這是我的兒子，多情有感受的小孩。

現世的分離，是一定會發生的；而珍惜，讓我們貼近了「沒有真正分離」的心靈真實。幼稚園的記憶，會永恆鮮明地活在兒子的心裡。我如此篤信著。

上學記——小雨篇

原來，當我以為什麼是對孩子好，而很有技巧的推動……事實上，我是在控制。

這是一篇，給未來樹的信。媽媽寫在他上學的第三週，樹上學前，在與家分離的哀傷中掙扎。堅持鼓舞孩子往外飛的媽媽，在樹離開後，因為心痛，而寫下這封信。那一年，樹三歲九個月。

樹：

今天早上在電梯口，你淚漣漣地要求我：「媽媽，那你今天可不可以不要待在家裡？」我回頭一直在思索，這是什麼意思。後來我明白，你心裡說的是：「如果家裡沒有媽媽在，那我去上學也就認了。可是想到家裡有媽媽，以前每天早上都是在家裡快樂的玩，為什麼今天不行？」我猜，如果媽媽在家，對出門上學的你，心裡會有不甘吧！因著這樣的思考，我的心痛了起來（就在胸口的正中央）。

心痛是我做了一件自己最不認同的事——早上我用了「如果……我就撤回愛」的方式，來與你互動。媽媽要承認，當時我在說謊。也就是，如果你真的今天沒去上學而留在家裡，我會很無奈，也會因不能睡覺而疲憊，但我無法不跟你說話。因為在我們之間的流動與溝通的需要是這麼自然，我怎麼能親手殘酷地扼殺自己的需要與忽視你的懇切呢？

而我知道，今天的你，因為爸爸和我聯手說不跟你說話，才讓你真的鐵了心，往學校的方向前去。爸爸說，後來你的淚就全部都止住了，牽著園長的手往學校裡走。然後，你回頭，真情而悲傷地問：「那放學回家，你們會跟我說話、跟我玩嗎？」

我的心痛是，這麼多年來，媽媽最享受的時光就是早上單純陪你在家玩，這是我們很幸福的時光。一瞬間媽媽也猶豫起來，怎麼這麼急著催促你去上學，為的是哪樁？早上你說：「我不要去上學。」我問：「那你要的是什麼？」你說：「我要在家裡，跟你們一起快樂的玩。」

正如同媽媽在聯絡簿上告訴你的小虹老師：「從樹回家快樂雀躍的樣子，他喜歡學校是肯定的。他的能力發展在適應學校生活上也會很輕鬆。現在唯一剩下的，是他對家裡的眷戀與多情，所以每天早上的分離是有悲傷的，但我確定，即使大聲哭著說再見，他都能在幾分鐘內，恢復平靜，融入學校生活。」

是啊，因為你的能力和對學校的喜歡，讓我這麼堅定你可以到學校。可是，媽媽如何回應你對家的喜歡與依戀？我也曾是很戀家的小孩。記不記得昨天，媽媽跟你說：「媽媽懂你的捨不得我們。因為媽媽以前上高中、上大學、出國念書——與外婆分離時都會哭，哭得很慘。」

是啊，媽媽即使已經習慣一個人住外面了，在車子要來時，要說再見時，我還是會掉淚，有時候會一路哭到台中、台北；出國留學，坐飛機時還一路哭過太平洋。媽媽昨天也說了，「即使捨不得，還是要分離。因為，我很高興人生有這麼多的外出的經驗，那讓我現在有很多快樂的可能。」即使是四十歲的我，每回要離開外婆家時，還都會偷偷掉淚呢。你才只有三歲多呢！

對啊，今天下午你回家，媽媽得跟你承認我的猶豫和不確定。早上媽媽讓自己裝作很堅定要你上學的樣子，罔顧你堅定的「不要去」。這不是真實。真實是：「我和你都有兩邊的聲音。對於去上學或留在家裡，我們兩個，在心裡，一樣的是，兩邊都有。」

對於你喜歡早上留在家裡的念頭，你上學的早上，我和爸爸商量了好辦法。那就是，我們可以早上八點起來，三個人吃早餐，然後一起玩。玩到十點，你再去上學。我們也一併送小旦旦到阿嬤家。這樣，你可以擁有早上在家玩的幸福，也可以有到學校的快樂。爸爸媽媽可以享受溫暖幸福的早晨，還可以留時間給自己工作。

這個辦法，實行上的困難，就是我們全家得在九點鐘上床。那就是爸爸媽媽在晚上，要很有效率地過日子才行，不可以撒懶拖延晚上的家務事。你也要一起合作，早早洗澡，把你晚上有的各種欲望，早早做了，讓自己可以甘願上床。

回想起這兩週，你有四次賴著不上學的紀錄。

第一次，你說了，我們很快就同意。因為媽媽認為，要有退路才有前行的勇氣。那一天，你回家，我們和小旦旦三人在家過著很愉快的生活。你因為照顧媽媽想睡覺的需要，所以學會一個人安靜的玩。而那一天，你也有許多時間與小旦旦在一起。我看到，你跟小旦旦有越來越多的聯繫，越來越多的喜歡。那一天，你在家發現，原來你已經可以自己念一本書。一本我已經念給你超過二十次的繪本。這樣你有好大的信心與快樂。

第二次，你說不上學，我們給你的條件是，你親自去跟小虹老師請假，然後保證第二天要去。你做到了，一個勇氣的嘗試。那一天，早上我陪你走迷宮、畫畫、寫ㄅㄆㄇㄈ……你愛上了跟我一起寫字的時光。下午，你跟爸爸外出工作。

爸爸發現了，「原來，當我以為什麼是對孩子好，而很有技巧的推動……事實上，我是在控制。這孩子讓我學會好多。」

是啊，那天爸爸嘗試在車上讓你睡午覺，你一直抗拒，他好挫折，卻也發現了大智慧。後來你怎麼睡午覺的？你回來跟我玩，我們和小旦旦窩在小房間裡，然後我說：「我累了。」一睜開眼睛，你已經窩在很窄的縫隙裡睡著了。

第三次，你說不上學。爸爸和我很堅定你要去。爸爸說：「再不去，我們跟學校的關係就搞砸了。」我附和：「是啊，難得找到一家理念與交通與我們家相近的學校，而且樹這麼喜歡。」

於是，媽媽抱著你，在紅色大搖椅上，我們說了好多的話。花了快四十五分鐘。

最後你選擇有勇氣的去上學。記得你說：「我今天不勇敢。」我說：「勇敢的孩子去上學，想辦法讓自己快樂；不勇敢的孩子也去上學，可能哭哭，可能無助。」在那段對話裡，我們談了很重要很重要的話。

我說：「你剛剛說，看五分鐘卡通，就要去上學了。難道你說的是假話嗎？」你說：「對啊，我剛剛在騙你的。」於是我說：「那這樣，我以後就不知道怎麼相信你了。」於是你好著急好著急，比要你上學都著急，你哭著說：「不要不相信我，我要你相信我。我剛剛是開玩笑的。」

那天早上，我們一起學會，「人而無信，不知其可。」媽媽說：「我喜歡你不去上學就認真說出來，不喜歡你開玩笑，因為我不知道你是在開玩笑呢。」

後來，你認了要上學的事實，很淒切地和我擁抱說再見，你抱住小旦旦，跟我說：「我喜歡小旦旦，我要一整天都看到她。」那時候媽媽真的跟你開了玩笑，「那你就揹小旦旦去上學，要記得餵她喝奶喔！」你才真的著急起來，「我不要帶小旦旦去上學。」媽媽跟你道歉，因為我在開玩笑，而你好認真。如同這幾天，你每次用拖延策略，我和你爸爸都有被晃點的感覺呢！（媽媽了解，這是小孩子在求生存，沒關係的。）

第四次，也就是今天早上，媽媽好高興，你真的學會了誠懇。你從頭到尾，都清楚的表達，「我不要去學校。」你已經學會不用任何拖延的策略，媽媽好高興，你學會了家人之間互相信任的感覺，這比什麼都重要。

而媽媽此刻還在猶豫著，若我允許自己軟弱下來，是不是我會做不同的決定，和爸爸一起同意你，晚一點再去上學呢？到底，我們家限制條件的底線在哪兒？什麼是對我們全家四人幸福快樂最平衡的選擇？

今天早上，你如此真情婉約地哭著，要留在家裡。媽媽其實很心動。可是我握著你的手問了水晶擺，媽媽內在的心與外在的思考都確定，若你今日又沒去了，我們全家失去的，比獲得的多。所以我選擇，即使心痛，都得推著你向前。

昨天，你說：「我就是捨不得你們兩個。」上一週你說：「上學太辛苦了，因為要等很久，吃完三個碗，才可以再見到你們兩個。」媽媽是這麼真實而能感受到你的捨不得，而媽媽也同時感受到你在學校的快樂與冒險之後的力量感。

我要如何選擇呢？我知道，若我也因為心疼或捨不得，而在此刻抱住你，那就走上一條會共依附的路。會嗎？若我能割捨自己更多的工作與夢想？把時間再多留給你？

你兩歲時，我嘗試過一次，因為自己夢想時間的需要，送你去上學。後來我承認，時機未到，你在學校會過得太辛苦。於是，我讓自己拒絕掉更多的工作，把每日的早晨都空出來陪你。快兩年了，你變得又勇敢又聰明，活潑而外向。媽媽認為時機到了呢，如果我再因為這情感而繼續延宕自己的夢想，會不會以後我會抱怨呢？如同外婆年輕時總是說：「如果不是因為你們這些孩子，我的人生就不會……」讓我覺得，都是我們孩子拖重了媽媽的人生。

我經常在演講時提到，「父母給孩子的愛，是要真心真意，那樣的愛才不會讓孩子覺得沈重。」媽媽的狠心，背後就是這個理念，我不要你以後沈重，我要你得到的愛都是全心全意的。

所以，媽媽雖然猶豫，也允許自己軟弱。媽媽還是選擇繼續堅定地推動你往前走。這樣得到的回報是，你會有個很快樂的媽媽，回家後還會有個很專心陪伴你的媽媽。

媽媽的夢想是寫字。我有好多東西想要寫出來，想要成為一個作家。是的，除了一個說故事人，我想成為一個作家。你知道嗎？成為作家的夢想，除了因為有太多情感和想法想要寫清楚之外，另一個夢想是，我可以有很多時間在家裡，可以彈性回應你和小旦旦需要我。

你常常問：「媽媽你的夢想是什麼？」我會說：「我的夢想就是四個人能夠在家裡一起生活。」這是最大的夢想，而這夢想的背後有個平衡，那就是多少時間四人相親相愛；多少時間，我得跟自己獨處；多少時間，我可以和爸爸有兩人時光。這樣才能確認，四人的相親相愛，是全心全意的幸福時光。

這封信，是媽媽在你上學第三週的週三早上寫的。等你長大了，有機會，要給你看的。

——一直在學會，什麼是愛的媽媽二〇〇六年一月二十五日

上學記——陽光篇

樹問：「還要等四天才能再去上學啊？好久喔！可以早一天去嗎？」

二〇〇六年的一月十一日，三歲九個月的樹上學了。

他每天回來都跟我報告他的感言：

第一天：「我開始喜歡這學校了。」

第二天：「我越來越喜歡這學校了。」

第三天：「我已經喜歡這學校了。」

每天晚上，我都能感覺到回家後，因為能量充滿而快樂的樹。

佈署他上學的計畫持續了約半年。觀察他各種條件都已具備：

・說話夠大聲，連阿祖都聽得見了。

- 表達很輕鬆，除了害羞之外，內外的流通夠了。
- 可以自己吃飯、上大小號、穿鞋。
- 會表達生氣，甚至與菘表弟打架也不輸了。
- 哭泣很短，通常一分鐘內會自行停止。
- 他用手機可以處理分離焦慮，每天他用手機表達思念。
- 透過打鼓課的練習，他對於課堂與秩序，熟悉了。

家庭教養的部分，三個主要照顧者的特質，他都具備了，他有：

- 爸爸的思考與男子氣概。
- 阿嬤的事事關心與萬事通。
- 還有我與心溝通的寧靜。

孩子長大，家庭能給的教育刺激開始顯得不足：

- 他有學習飢渴，家裡自然能給的教育刺激開始嫌弱。
- 他渴望能與小朋友在一起。

・他想要將想像力付諸實行的動力很強。

我知道，自己無法全心變成在家教育的媽媽，我感受到自身體內的熱望，一種追尋心靈的燃燒。女兒出生了，之前掛念樹上學，阿嬤會寂寞。現在有旦妹妹，阿嬤可有另一波的忙碌。

上學的時機到了喔！我在心裡下定決心。

三個月前，我向孩子預告：「一月就要去上學了。」十二月，參觀學校，他認識了一個「吃我做的鬆餅」的園長。十二月底，我們倆在月曆上畫出了上學的日期：先一週上三天、慢慢花六週時間增加到一週五天。於是我預告，一月十一是你上學的第一天。記得當時樹說：「那將會是我難過的日子。」後來又改為：「那將會是我害怕的日子。」

一月初，我生產後出院，孩子告訴我：「我好想早點去上學喔。」我說：「對不起，你要學會忍耐，時間還沒到。」累積足夠的渴望之後，到了上學前一天晚上，他開始哭：「我害怕，不要去了。」我問他：「要帶哪一個枕頭去學校？」他直哭不要選，但還是用手指選了一個枕頭、牙刷和毯子。

一月十一日，我撐著有各種痛的月子身體起來，叫醒他：「樹，要去上學了喔。」他大哭：「我害怕。」我問：「怕什麼？」「我怕你們不見了。」（真是精闢的表達，我心裡讚嘆。）

於是我說了一個散佈訊息的隱喻給他：「樹，你知道風箏嗎？風箏有一根線拉在手上，雖然看不見但是感覺得到。你知道你的風箏是什麼嗎？就是你的手機！」

一旁的爸爸已經準備好了，「按1可以找到媽媽，按2可以找到爸爸，按3可以找到阿嬤，按5可以找到阿公。這樣你就有幾根風箏線了啊？」

「你記得電影《北極特快車》裡的哥哥嗎？當北極特快車要來接他時，他敢不敢上車ㄚ？他不敢，對不對？可是後來他有沒有上車？有，對不對。因為，雖然很害怕，他還是很想要去找聖誕老公公。」

「你知道《北極特快車》的哥哥，後來不只看到聖誕老公公，還交了五個好朋友……你記得嗎？媽媽覺得你這次不是去上學，是去交朋友喔！學校有老師可以當大朋友，還有同學可以當你的朋友。」

「《北極特快車》的規矩就是，在天亮之前要把小朋友送回他家。樹的家是什麼地址啊？我們的規矩是下午四點半要把你接回來我們家。」「只有相信的人看得到聖誕老公公對不對？媽媽相信，媽媽一直相信你做得到。爸爸還有一點點不相信，阿嬤不相信……那你呢？你相不相信你已經夠勇敢，可以去交新朋友啦？」

「你比較會哭，還是菘比較會哭？我知道菘上學時哭了五天，那你要哭幾天呢？我不知道爸爸小時候有沒有哭，等一下上學的半路你再問他，媽媽上幼稚園也有哭喔！而且媽媽都偷偷哭。」

樹想想：「我要哭六天，比菘多一天就好。因為我比他愛哭。」

「你知道放風箏時可以放得很遠，只要感覺手上的線拉著，就一定可以收得回來。你看，今天晚上你回來的時候，我會在門上貼一張海報，我們來畫你的一天，樹上學的第一天，看看你是什麼表情，好不好？」

對話後，孩子變安定了，他點點頭，親親我，說拜拜。展說，他到了校門口，就跟著一個第一次謀面的老師，被她牽著手，說要去「做鬆餅了」。（鬆餅遊戲是他的創作，我們去參觀學校時發展的。）

第一天，他打了三通電話，兩通給爸爸，哭著要人陪。一通給我，要我把帽子脫掉（坐月子的我戴著毛線帽保暖）。

第二天，他打了兩通電話，在他害怕要哭之前，問我怎麼辦。

第三天，他哭了兩回，沒有打電話。

第一天，他認識了四個老師，跟一個老師變成好朋友（他的轉移依附對象）。

第二天，他記得兩個小朋友的名字。

第三天，他和一個女生成為好朋友，又記得另外一個新名字。

樹去上學了，學校的活動與人際互動，充滿了他的心。他回家像隻小鳥一樣雀躍，跟我說著學校的點滴。他通過了第一週，養成了放學後坐在椅子和床上的我聊天的習慣。三天後，他問：「還要等四天才能再去上學啊？好久喔！可以早一天去嗎？」為了長遠之計，還是讓他在平衡裡慢慢變化，順便對學校累積足夠的渴望……足以支撐他繼續通過上學的第二週。

記得第一天傍晚，樹還在阿嬤家。我與展吃飯，聽到第一天上學一切順利，我忽然落下了很心疼的眼淚。

原來我這麼心疼這孩子去上學，又深又細膩的心疼。是的，我心疼同時信任，非常非常信任，樹在眼前開闊的新世界。

上學記——扎根篇

從媽媽懷旦開始，我們就小心不說：「你是哥哥喔，以後要照顧妹妹。」甚至連阿公阿嬤姨婆們這樣說時，都會被媽媽提醒，別這麼說。

這是給樹的信，在他穩定上學以後，當媽媽的我感受到他長出不一樣的東西。

樹，那天媽媽抱著旦，哄著哄著，忽然認真看著睡著的你，漂亮小男孩。（你會不同意媽媽用漂亮，因為你給自己的詞是酷、帥。）我感受到心裡一種擴充的感受，飽滿豐盈的，如溫暖的雲，扎實的土壤。

這就是愛吧！很久以前，麟叔寫信問我：「一個人可能同時愛兩個人嗎？」那時候我年輕，不懂得愛，所以我的答案是不曉得。現在我曉得了，愛，是一種存在狀態，不是一種可以計量或佔據空間的「東西」，你和旦，都能誘發媽媽愛的存在。

所以，當我同時感受到愛，因你們兩個，是同時喔，一點也不衝突。而這樣愛的存在感，只有在媽媽很寧靜時，才有緣體現。

是啊，你已經長成一個小男孩了！你說話時，有一種肯定的語氣，像是內在靈魂，有了領主一樣。每回，我們說話時，你，主導著自己，為自己發聲。昨天，我們要畫一幅畫給恆叔叔，你二話不說，拿了色筆就將紙分成四份，「一人一份」你說。（媽媽本來是要給你一整張紙的。）

你畫了下圓圈雨的天空，地上長長的綠草，說：「畫完了。」

我要你再拿一張紙，畫那個有「4」當朋友的小男孩。你躺在地板，靜靜說：「這樣就夠了。」你昨夜的沈靜讓媽媽驚訝，不曾見過這麼靜止的你，而靜止裡，仍有熊熊的力道。後來半夜發現你發燒，我們才揣摩出，夜裡你的寧靜，有身體的疲倦。

記得你很寧靜地躺著，我們問你：「心裡想什麼？」你回答，你想著學校，學校的同學，學校的老師。兩個月前，在媽媽第一次寫信給你時，你還曾經哭著不上學呢！但從媽媽寫信以後（雖你沒看）。你因不想上學而哭，只有一回而已喔！

記得你還在哭不上學的一月，媽媽發現，你在家裡如陽光如風如馬般的動與快樂；在學校裡，你如小花如草地如靜止的空氣一樣寧靜。也許，你怕怕上學，除了陌生戀家外，還有你喜歡跟我們在一起的自己，一個勇敢快樂無拘無束的小男孩。

這是一種被無條件接納的愛吧！因為眷戀這種感覺，更想跟我們在一起。

年輕時，媽媽也因為這樣，愛上跟展爸在一起的自己，而離不開他。

Anyway，上學已經成為你生活的一部分，說：「週五我的同學說禮拜一見時，我都在心裡偷偷說禮拜二見。」是啊，你是一個禮拜上學四天的孩子。你的世界，就這樣擴展開了。我們幫你挑了以遊戲與人際互動為主的幼稚園，學校給了你滿滿的同伴，還有專心陪你們玩的老師。這是我們自己給不起的。光等旦長大，可以陪你追逐說話，至少要兩年呢！

昨天，我們忙時，我見你安靜地搖著旦的推車，雖是你的玩耍，我還是要說：「你自發地照顧妹妹呢！」從媽媽懷旦開始，我們就小心不說：「你是哥哥喔，以後要照顧妹妹。」甚至連阿公阿嬤姨婆們這樣說時，都會被媽媽提醒，別這麼說。

因為，媽媽希望，照顧妹妹對你而言，是在妹妹出生後，自然而然跟著爸媽一起耳濡目染，變成一種選擇，一種喜歡。而不是腦袋裡的一個聲音，或是一個責任。

旦出生後，你像看一個精緻玩具一樣看她，不敢碰她。後來，你從菘表弟和云姊姊的眼睛裡學到，原來旦是很可愛的，是很珍貴的。我看到，當他們興奮於看見旦之時；當哥哥的你，有一種幽微的驕傲神情。我看到，你在旦面前，開心地舞弄身體逗她。你會告訴我們，她笑了。你會積極地大聲喊：「拿尿布交給我就搞定了。」旦哭的時候，你不受干擾，也不覺得著急。旦說話時你是權威，大聲翻譯給我們：「她說她想要被抱抱啦！」有時候，我太急，要你拿面紙，你會不理我。有時候，為了讓旦熟睡，我要你輕聲，你會做到。

有一次，因為照顧旦哭，我忘記你想吃香蕉，忘了拿給你。你哭哭告誡我，「以後不可以這樣子。」旦聽到你的聲音就興奮，我說：「那是她在媽媽肚子裡聽到最多的聲音了。」

樹，媽媽看到你的轉變。看到你逐漸粗壯的樹幹，和茂密的綠葉。旦出生，你擁有一個日後可以互相陪伴的妹妹，也擁有了一個可以練習給愛的對象。上學，你正在實習離開父母，在老師的看護下，交許多朋友。我會說，你學習之路已經打開，你敞開了心，這世界也向你敞開。

——為你感到驕傲的媽媽，二〇〇六年三月十七日

我聽見你的心

「樹，你在收玩具啊？」我好奇的詢問。

「對啊，因為我聽見你的心在說話……你心的聲音好大聲……我聽見了。」小人兒一字一字篤定的說。

三歲又一個月的樹，說了些神奇的話語，當媽媽的我將之記錄下來。

睡前，我說：「整理家裡的時候到了，我們來收拾玩具吧！」樹說：「可是我還想玩。」累到只想躺下來的我問：「你現在想收玩具嗎？」「不想！」孩子堅定的說。

「好，你不想我就自己收。」我回以堅定。「那會怎樣？」（以前有玩具他不一起收就會被我暫時沒收的規矩。）我回答：「媽媽只是會悶著不說話，不能理你，直到收完了我才會跟你說話。」

於是我開始自己快速收拾起來，小人兒隨之也加入，跟著動手收拾起玩具，放掉他原來想玩的心情。「樹，你在收玩具啊？」我好奇的詢問。「對啊，因為我聽見你的心在說話……你心的聲音好大聲……我聽見了。」小人兒一字一字篤定的說。

「我的心在說什麼？」當媽的我好奇極了。「你的心在說要我一起收拾。」當兒子的他一臉清爽正色回答。

我當下清醒，心也沈澱了下來。這孩子聽得見我心的聲音耶！

回想起有回上打擊課前的車上，「樹，今天你的害羞怎麼樣？」下車前我詢問。「今天我的害羞和勇敢在一起。」小人兒摸摸心，清楚的表達。

當時的我也是震驚的，這多麼像我們幫他把勇敢與害羞整合在一起的樣子，內向的害羞與外向的勇敢放在一起了。而那天，陪他上課的老爸回來偷偷跟我說：「樹今天也回答老師了，而他的勇敢是和害羞一起出來的。」

我在心理治療裡用的內在歷程的隱喻，在孩子的世界裡卻如此真實的呈現。我聽見你的心在說話，你的心說得好大聲，所以我就聽啦！

在他說完那神奇話語的當下，母子間許多靜默相向的片刻，許多不言語的接觸與交流，忽然全部鮮明得有了聲音。

敏感的孩子，和母親的心，有好深好深的連結。

讓人麻煩但不糟糕

他說：「我們老師說波波很糟糕。」

我：「嗯？他做了什麼事老師這樣說？」

旦滿一歲，某日晚餐時間，她好辛苦。

她累了想睡，又餓了要吃東西，但因為我們正在晚餐，絕不讓自己錯過美食的她，抗拒入睡；也因為美食當前，她不肯喝奶。

可是，昨日的晚餐，沒有太多她能吃的東西，她抗拒吃稀爛的白飯，她只想吃有香氣的成人食物。好不容易，餵她喝了一百西西的奶，她還是一看到食物入我們口，就哭。一種抗議性的哭泣。

樹說：「旦有些麻煩，一點小事就哭。」

他補充說：「我也有些麻煩，一點小事就哭很久。」

我們倆像看到陽光，驚喜地問：「你怎麼會這樣說自己？」他很自然地說：「媽媽說的啊！」（我的驚喜，是因他有覺知，很可愛放鬆地覺知自己的現況。）

後來，我們趕緊收拾桌面，食物都消失了，且哭了一下，很快就融入遊戲裡，放鬆愉快了。

她窩在我懷裡，我享受抱著她的舒適，一下子，她就睡著了。我陪著她上床（九點），傍晚和我一起泡澡的樹，也很快就入眠（九點四十）。幸福享受早睡的寧馨。

隔天我六點就起床了，坐在馬桶上，想起昨夜樹說的話。誠實的我，仔細回顧，我不曾這樣說他啊！他如何形成這概念？想起我們泡澡時的對話：

他說：「我們老師說波波很糟糕。」

我：「嗯？他做了什麼事老師這樣說？」

樹：「他幫忙別人拼圖，用耍賴的方式，把拼圖藏起來，讓人家拼不起來。」

我說：「**這的確是讓人麻煩的事情，但我覺得這不代表這個人糟糕。波波做了讓人麻煩的事情，他不是個糟糕的小孩。**」樹有些困擾：「可是我們老師這樣說。」

我：「你用自己的心感覺看看。你喜歡波波嗎？他讓你覺得糟糕嗎？」

樹：「我很喜歡他，他有些頑皮，可是我很喜歡。」

我：「你也可以做頑皮的事啊，媽媽會覺得你麻煩，但我不會說你不好。」

泡澡前，我的指甲刮到他的臉皮，他哭了很久，當時的確覺得又好笑又麻煩。我心裡跟自己說：「人生經常有麻煩，麻煩時放輕鬆就好了。」

我：「一個人，可以偶爾做麻煩事，但沒有人是個糟糕的人。一個人，可以偶爾做讓人喜歡的事，但他也不是絕對的好人。」

樹：「那如果一個人常常做讓人喜歡的事呢？」

我：「那我們可以說，他真是個讓人喜歡的人啊！」

樹還是困惑：「那小石呢？」（卡通《巴布建築師》裡，一個愛搗蛋的稻草人。）

我：「嗯，小石是個讓人傷腦筋的人，但大家還是滿喜歡他的。」

也許是他事前的哭泣，加上後來的對話，樹自行產生一個結論：「我有時候很麻煩，一點小事會哭很久。」而他評論自己時，帶著欣喜和輕鬆，這是讓我開心的。

記得學諮商時，老師常說：「把人與事情分開。」這就是我試圖為樹做的事情。我喜歡他，真心接納自己的每個面向，包括愛哭、想頑皮、對頑皮欲望的壓抑以及軟弱。

我也喜歡他，用同樣好奇的心，看著周遭的朋友。我喜歡，我們有這樣辯證的歷程，也歡迎他的老師。

我怕怕媽媽生氣

我問：「旦旦，你是不是害怕媽媽不喜歡你？」

女兒一歲十一個月時，在我的筆電上「肆虐」（雙手油油，亂按鍵（開機鍵），將螢幕打開又闔上打開又闔上）。我心裡緊張，憋著吼聲輕輕地說：「不要這樣對待我的電腦。」

女兒安靜了兩下，然後，慢慢地，口吐出她從沒說過的字句，她看著我，很緩慢地：「媽媽，我怕怕你說這樣的話。」我立刻聽懂了，只是因為詫異而愣在那裡，女兒又說了一次：「媽媽，我怕怕你說這樣的話。」接著，她像是在說給自己聽或是複習，她又說了一次：「我怕怕你說這樣的話。」

於是我跟她確認：「你是說，你怕怕我說『不要這樣對待我的電腦』那句話嗎？」她點點頭。於是我回憶起，這兩天我這樣對她說話的片刻，再次與她確認：

「還有，我昨天說：『不要這樣玩水！』是嗎？」

女兒點點頭。然後萬分輕鬆地依偎在我懷裡。

「了不起！」意識到發生了什麼事，我心裡由衷地讚嘆，於是抱著她去找展，跟他描述整件事的過程。接著我直接幫女兒脫衣服，洗澡。女兒開始跟我說：「我怕怕你生氣！」

這是她第一次使用生氣這個詞，原來是我讓她明白了什麼是生氣！心裡覺得很高興，女兒能這麼明晰表達出她的害怕，還有理解我的情緒。於是我問：「除了媽媽會生氣，還有誰會生氣？爸爸會嗎？」她說：「不會。」（遠方的展爸像中獎一樣，露出高興的神情。）

我繼續問：「阿嬤呢？」女兒說：「不會。」接著她說：「阿樹會。」然後轉了頭又想想：「爸爸也會。」（說也的時候，特別停頓一下。）

我問：「只有阿嬤不會，是嗎？」旦旦想了想：「對，阿嬤不會。」

我問：「那你怕怕媽媽生氣，媽媽生氣的時候你怎麼照顧自己？」

旦旦沒回答。我又補充：「你會哭哭，還是會安靜不說話？還是去找阿嬤？」

旦說：「找阿嬤。」

我說：「那現在呢？你怕怕媽媽嗎？」正在幫她洗澡的我問她。

她仰頭大笑說：「不……會，旦旦喜歡媽媽。」我認真說：「媽媽會管你，阿嬤不會管你，旦旦有時候需要被管，但是媽媽以後知道，管你的時候可以不用那樣說話。媽媽會跟你慢慢說，好不好？」

女兒真是我的修行，這陣子的我超好的，有耐心、溫和，而快樂。連家裡亂或家事堆得多，我都依舊愉快輕鬆，展爸說：「你快要修成正果了。」被誇獎後考驗來了，兩天內我跟女兒撞上四次。

第一回：週一中午。

在迴轉壽司，結帳完，旦要求吃果凍，我跟她說：「這裡果凍貴，等一下媽媽買布丁給你吃。」她不依，用一種索求的哭法，一下子我覺得煩躁，偷偷在她耳邊說：「旦旦，媽媽不喜歡你這種哭的方式。」女兒立刻安靜，窩在我懷裡，然後靜默不語。

等我們過了馬路到公園，已經五分鐘了，她還不說話。我和展分享這過程，我們一起看她，她睜大眼睛安靜地不語。展說：「她進入trance狀態。」（只輕微的解離與催眠）我說：「她只是，還在害怕裡。」於是我問：「旦旦，你是不是害怕媽媽不喜歡你？」我跟她保證：「**旦旦，媽媽愛你，媽媽只是不喜歡你剛剛的哭哭。**」展在一旁照顧我，他在我耳邊咬耳朵：「無論如何，你永遠是她的媽。」

後來旦旦恢復了，她活動起來，卻一直黏在我懷裡，吃完布丁，樹上學以後，她就窩在我懷裡睡著了。到了阿嬤家，我還抱她很久，當我一放手，放她到床上，她就醒了，睜著明亮的眼睛，看見阿嬤已經躺在她身邊，她安靜地，聽見我離開的聲音。

第二回：週一晚上。

洗澡的時候。展幫旦洗澡，疼女兒的他，放肆讓女兒玩水。女兒拿著澆水器（玩具）開始從浴缸裡把水倒到地板，超級喜歡浴室地板保持乾爽的我，有點尖叫：「旦，不要把水倒出來。」女兒愣住，我也被自己的尖叫嚇到。

旦開始有狀況，她哭。我理解，她要我抱抱。於是，不顧她全身的溼，我將她整個抱起，像無尾熊一樣，她扒著我。

第三回：週二。

我送她到阿嬤家，後座的她，一路一直說：「媽媽抱抱。」她要到駕駛座來坐在我懷裡，我一直溫柔跟她說明，保持讓她坐在後座。直到哥哥下車，車子快到阿嬤家，她轉念：「旦旦要去給阿嬤抱抱。」

我說：「好哇，阿嬤家快到了，等一下讓阿嬤抱抱好不好？」到了婆家，阿嬤不在，女兒很開心地移到外勞May懷裡，這與平日，當婆婆不在，May得千方百計才能幫我抱走女兒很不一樣。

第四回，週二晚上。

女兒滿手油油的，對我電腦發生興趣，她想要開機，想要看裡面的照片。我知曉昨夜，我尖叫了一次，憋著聲音說：「不要這樣對待我的電腦。」旦還是感受到裡面的能量，於是表達了：「我怕怕你說這樣的話。」

順著讀下來，我整理出女兒的四種應對模式：

一、反應不過來，陷入害怕裡，靜默不語，恍惚，讓自己縮小，變成baby，失去主體性，窩到媽媽懷裡，然後睡著。

二、她大哭，失控，黏媽媽，然後在事後會做出不合理的要求，來測試媽媽的愛。

三、她平靜接納媽媽的拒絕，然後轉而尋找阿嬤的安慰。

四、她保持主體性，平靜地表達，沒有恍惚，沒有哭泣，沒有轉移，她對媽媽直接表達。然後，她也沒有特別賴人，當母女溝通後，她回到愛的信任裡，繼續開懷地與媽媽在一起。

這就是我說的「了不起」女兒，在兩天內，學會了成熟的方式，她平靜地表達她的害怕。於是無須恍惚、大哭或生氣。而她的柔軟表達，讓當媽媽的我，也一下子回到柔軟心。

女兒也敏感，反應卻不同於哥哥。

她不會有那種失去力量的大哭，當她無法消化時，她會輕微解離。但慢慢地，她越來越強壯，消化後，她選擇表達，我給予正向的回應，於是，她又通過一關。越來越有能力，和媽媽生氣的面向相處。

學會溫柔

我問：「那你會害怕旦旦因此而死掉嗎？」樹說：「沒有。」

旦又在一旁說：「有，樹有。」

旦旦逐漸長大，愛爬愛跑愛跳……哥哥是她跟隨的對象，哥哥跑、哥哥跳、哥哥爬、哥哥說話……她的身體協調與體能都還沒成熟，她動作時，心思還在哥哥身上，於是，跌倒、撞到……哭哭，幾乎每隔幾天就要發生！

樹是個自由的孩子，他每天有許多遊戲玩樂的新點子，他的肢體逐漸成熟到一種他感受得到掌控的程度，挑戰體能與肌肉的極限，是他經常出現的樣子。他喜歡旦旦跟隨他，旦旦的笑、旦旦的歡樂、旦旦的喜歡，帶給他情感與能量。但有時樹也想擺脫旦旦，旦旦的黏，旦旦的愛哭，旦旦的霸氣，旦旦的不理性，很多時候讓樹大呼無奈。

在樹滿五歲十一個月，旦也兩歲三個月了，某天早上，他們倆玩得很好，展在廚房收拾，我在地板拆包包整理……兩個孩子在窗口、沙發背與矮櫃間爬來爬去，笑聲充滿了房間。

最後我聽見樹喊了：「我跳！」然後聽見什麼東西撞擊聲，接下來就是旦旦震天的哭聲了！

旦旦塞在沙發與矮櫃間，頭撞到牆壁，淚漣漣地卡在那裡爬不起來。樹在另一張沙發，看著旦旦，眼睛睜得很大。

我抱起旦旦，展在樹身邊調息回歸中心；我們倆很有默契地，我照顧旦旦，展照顧樹。

檢查旦的頭沒腫起來，評估無傷，我就專心照顧旦旦的驚嚇了。靜默地抱住她，陪著她呼吸吐氣一陣子，覺察到女兒哭泣的能量逐漸平緩。我問旦旦：「你哭什麼？哭痛嗎？」

旦旦說：「不是。」「哭一跳！」「喔，是哭嚇一跳是嗎？」我澄清。旦旦說：「對。」

我問：「那你痛嗎？」她說：「會。」

我問：「痛哪裡？」女兒指著頭頂右上方，我檢查過的地方。

我澄清：「你會痛，但是沒關係，是嗎？」「對。」女兒說。

「但是你嚇一跳有關係，所以你哭哭，是嗎？」「對。」女兒說。

旦旦沒事了。

我看著前方的樹，方才展用洋娃娃示範旦旦跌倒的模樣，試著問樹剛剛發生什麼事。展陪著樹，樹拿著洋娃娃，用手挖她的鼻孔，還抱得緊緊。看他的動作，我大概猜到樹的心情，於是請展回廚房收拾，這裡交給我。

樹是個不玩洋娃娃的孩子，從小，我們給他娃娃也給他槍，給他音樂盒也給他足球，他喜歡槍、音樂盒、足球……他不排斥洋娃娃，對洋娃娃也溫柔，卻不曾抱著它過，那娃娃，是旦旦的最愛，旦自然地會抱它，還會帶它出門。

我猜樹焦慮，旦的跌倒，讓他自責，於是，照顧洋娃娃成了替代。

於是我請樹過來我們身邊，問：「旦旦跌倒，你嚇一跳嗎？」他說：「沒有。」

這時旦在一旁說：「有，樹有。」

我問：「那你會害怕旦旦因此而死掉嗎？」樹說：「沒有。」

旦又在一旁說：「有，樹有。」

我問旦旦：「旦旦，那你有害怕自己死掉嗎？」旦旦說：「沒有。」「那你跌倒有嚇一跳嗎？」我雙重測試，旦旦說：「有。」

我感到樹肌肉的緊張，雖然他的表情看起來很放鬆愉快，我試著敲擊他鎖骨下方的恐懼情緒點，他嚷嚷：「好痛。」然後閃躲不給我敲。

這閃躲成了一點好玩，我問樹：「那像平常一樣，我幫你敲敲敲。」樹答應了，於是我能幫他簡單地清除情緒。

兩個孩子都好了，旦旦說：「我抱。」樹把娃娃交給旦，兩個人決定要帶娃娃去玩。

樹很細心地，牽著護著旦：「小心地上的樂高喔！」

兩個人開始跑，開始追逐，樹不時回頭看旦旦，我在他眼裡看出溫柔與成熟。

整個早上，旦旦好皮，樹雖也滿皮的，但有一分乖巧，他會知道，何時靜下來，協助我讓旦旦合作。

他偷偷跟我說：「媽媽，我發現，只要我安靜坐著，旦就會乖乖坐著，讓你幫她綁頭髮，你看喔！」

我很高興，偷偷跟展說兩個孩子的狀況，請他把照片拍下來。

樹的溫柔是這樣領會來的，我們不曾給他照顧妹妹的責任，也不會在妹妹跌倒時，要追究他的錯。**我們會認真討論，一起問，剛剛旦旦怎麼跌倒，下次，旦旦可以怎麼照顧自己，樹可以怎麼協助旦旦。下次，大家要注意什麼。**

當妹妹哭，哥哥不會受責罰，也許哥哥真的參與了什麼。責怪對錯，在我的理念裡，沒有太多助益，孩子需要學習的，是真心而有意識地，覺知自身行為對世界的影響。

因為不小心，有了妹妹跌倒的後果，哥哥受到的驚嚇，未必少於妹妹呢！妹妹因為痛與驚嚇需要溫柔，哥哥因為驚嚇與害怕也需要溫柔，這是我給孩子的許諾，可以在沒有批判下，學會現實感。

樹就這樣，越來越懂事與溫柔，他對妹妹的照顧，發自於心，又不超越他年齡的承擔。看著他偶爾幫妹妹撥撥過長的瀏海，下雨天提醒妹妹小心走，會滑倒喔！我覺得放鬆而自然。

樹長出力量

我問：「你一個人走樓梯，有沒有一點害怕？」樹笑著點頭。

我說：「是啊，當我們挑戰進步時，都會有害怕，也會有勇氣的感覺！」

樹五歲半，他出現一些很有趣的發展。

早上，出門後我按電梯，他說：「好想一個人走樓梯喔！」我鼓勵他：「沒問題，去吧！」於是，我抱著旦坐電梯從五樓下，他揹著書包自己走下五樓。看不到哥哥，旦關心叫著：「阿樹……阿樹。」（旦不會叫哥哥，只會叫阿樹。）到了一樓他還沒到，我靜靜等著他下樓時，感覺卻很安心。我問：「你一個人走樓梯，有沒有感覺自己很勇敢？」他笑著點頭。又問：「你一個人走樓梯，有沒有一點害怕？」他也笑著點頭。我說：「是啊，當我們挑戰進步時，都會有害怕，也會有勇氣的感覺！」

我開始陪他走路上學，新竹市三民路的綠林道，中間隔著水溝。我說：「樹，你走一邊，媽媽走另外一邊，這樣我們可以互相說hello！」他興奮地和我分道揚鑣，又看得見彼此，獨立又有保護，事後他提起這經驗幾次，我相信他冒險的渴望已被帶動。

他早晨起來時，自行到家裡的閣樓冒險，我聽到聲音，卻找不到他，後來問：「你上去做什麼？」「我去探險，看看以後躲貓貓有沒有地方躲。」有天早上，他一直喊著：「旦旦，過來，哥哥帶你去一個地方。」兩個小孩消失在我視線內，過一會兒，他們帶了兩個非洲鼓下來，打著鼓玩著。

樹開始有許多「不問過媽媽就行動」的渴望。

前一陣子，他用鉛筆、簽字筆在家裡到處寫字，被我阻止了。這陣子，他發現膠帶的好用，他用肉色的透氣膠布，到處貼他的痕跡。三天內，牆壁就出現一排圖畫，還有許多地方，經常會發現他貼上東西。我看啊看，除了他經常有的圖案原型之外，還出現了新的原型，從中央往上散射的輻射線條。

例如：

浴缸洗澡的蓮蓬頭，輻射往外的水藍線條；火山爆發的火，從中央往上爆發向外輻射的紅線條；還有噴水池的水，從中央往上噴射，又掉回水池的水藍。

我看了看，跟展說：「他出現重複的圖象，這表示，他有些能量，要輻射出來了。」他三歲多，我懷孕的時期，曾經密集地畫火山，畫的都是害怕與防護的措施（學校看了火山片）。這次的火山，沒有害怕，無須保護，就是單純地在畫山與火。那陣子，我在製作親職卡與親密卡，他也跟著製作他的卡片，有「山」、「雷」、「土」、「水」、「石頭」、「火」……雖是模仿卡通的創作，但在我看來，他正在掌握力量的原型。

有一陣子，他跟我們爭取最晚才去學校接他，因為他要在放學後，在遊樂場玩久一點。有一次，我要他一個人走路去買東西，他一點都不猶豫，就把任務完成回來了。他在學校，跟以前不一樣，可以自在地說「不要」，和「我要」，他跟我們表達的直接，有時甚至粗魯到，讓我想教他禮貌與表達。

記得有一次，晚上路過迴轉壽司，他嚷嚷想去吃，我不答應，他用埋怨的語氣說：「哎喲……」

我示範給他看：「你可以說：『媽媽，不去迴轉壽司，我好失望喔！』」他練習了兩回，表達清楚後，原來的抱怨不見了，他變得穩定而柔軟。

記得他小時候，有許多退縮與溫和的性格。

有一次，我問他：「同學喜歡用打你跟你玩，你的心情如何？」他說：「我沒有不喜歡，也沒有喜歡。」我說：「如果是用玩的，你也可以打回來啊……」他低頭沈靜說：「可是我不喜歡打人。」我認真教他：「你可以決定不打人，但你不可以被打沒有回應。」

於是，那天晚上，我提議，展和我兩人，表演：「被打之後的一百種反應。」我們兩個花了兩天，在睡前，各自表演了四、五種回應方式。樹看得很興奮，他說：「我可記得清楚呢！」

我感覺，樹有一種「以前被壓抑住的能量，現在要冒上來了」。我欣喜看到孩子的成長，也準備好面對更多的挑戰，他需要更多有創意的教養方式。

某天，夫妻倆看完下午場電影去接他，其實已經五點四十了，聽到我們要接他走，他沮喪到要哭的表情說：「我才剛上完圍棋課，還沒玩到，我要晚點走。」我抱他在懷裡說：「媽媽知道你很失望，練習放下你的失望吧！」「再玩也只有十分鐘了。媽媽明天會很晚去接你的。」「我帶你去買抓餅，然後我們去阿嬤家。」我感覺，擁抱的姿勢，撫慰了他心中的小小男孩；抓餅的揮霍，滿足了他匱乏的欲望感；然後他回到內在的平靜中心，成熟而快樂地，放下逗留在學校的渴望，跟我說著，圍棋課如何如何的場景。

這孩子，有相當纖細的人格，有許多潛在、我不懂的動力，有許多可能發揮的潛能，還有許多軟弱、可能走到自我中心的傾向。這孩子，有治療師的天賦，有照顧者的本能，還有創造和系統思考的能量；他有過度思考的陰影，有退縮自我中心的傾向，還有軟弱無法攻擊的弱項；他有變成強者的渴望，自由與冒險的幻想，對於進步與前進有熱情。

他，需求很純淨的愛，還有，敏感以及對挫折的忍耐度低，都是我們當父母的學習與功課。敏感本質的他，慢慢地長出可以忍耐與承受的力量。害羞與害怕的他，慢慢有了對世界的熱望以及冒險的勇氣。

親愛的天父地母，請求您支持我，讓我有柔軟與敞開的心，同時感受到孩子的敏感與勇敢。讓我能同時看見他需求我們以及他的獨立渴望。讓我可以在支持他脆弱的同時鼓舞他的力量。讓我們珍惜相互陪伴的緣分，同時都走在各自的力量道路上。

旦的好處只有可愛

「樹，你這樣，旦會跌倒，分玩具給她玩。」不到一秒，樹就「哇！」哭出來了。

樹四歲十個月的時候，一天會有一至三次卡住的時候。我們逐漸學會那是自然的一部分，如同他在其他時光活得鮮活盎然。原來，他不是特別容易卡住，他只是，活得很真很充滿，所有內在的狀況在我們面前就是自然呈現。

逐漸，他卡住的時刻，我們不需要特別陪伴他。只要保持關注，讓世界繼續流動前進，就是對他最好的支持。我試著寫下那過程，藉以觀看出，孩子在日常生活的情緒陪伴，有別於教育場所，例如學校輔導室，或心理治療空間。日常生活的情緒陪伴，放在生活的架構下，有其更盎然鮮活的生活素材加入，與單純和目標明確的教育場所，確實有所不同。

某日，展與我將孩子的玩具遊戲空間整理一區出來，樂高玩具有了專屬的家，靠窗的一個櫃子。樹很興奮，雀躍高呼，他一放學就蹲在那兒盡情玩耍。哥哥盡情玩耍的亮麗能量，總是吸引妹妹過來，於是旦卯足了勁，想要擠入櫃子前，一探樹哥哥興奮的源頭。為什麼要「擠入」呢？因為樹也卯足了勁，一手橫卡櫃子阻擋旦，一手繼續玩樂高。於是就有了旦尖叫，樹憋氣用力的場景。

我只是坐在他們後方，玩我的木琴，幾次成功地吸引旦過來，與我玩各種敲擊樂器。但哥哥的歡樂吸引力還是超過我。旦一次次回頭想要闖入哥哥的遊樂場。旦卯足了全勁，樹的力道足以讓妹妹跌倒或撞傷，爸爸過來管人了。「樹，你這樣，旦會跌倒，分玩具給她玩。」不到一秒，樹就「哇！」哭出來了。

爸爸這時想要表達：「玩具是大家的。」我覺察樹肌肉開始緊繃，請求展讓我出手，他離開。

我聆聽他：「你不要旦玩樂高，你只想給她一個玩具就好了，是嗎？」「你不喜歡旦拚命要擠進去和你一起玩是嗎？」他哭，說：「從今以後，旦不是我的好朋友了。」

我覺得好笑，正色說：「這句話別亂說，情緒是暫時的，一下子就不一樣，關係是很久的。這種話別說太快。」我說：「樹，你很傷心，你現在不想跟旦做好朋友。那媽媽把旦抱走，讓她不要吵你。你一個人哭，如果寂寞想要我陪，再過來找我。」

我抱了旦離開，到廚房找爸爸。旦看到紅色大番茄指著要吃，我只想給她吃香蕉，拿了香蕉到遊戲空間。這時候樹也想吃香蕉，也拿了一根香蕉。孰知旦忽然大哭失聲，掙脫我的雙手，攤在地上。她很盧的，什麼都不要，這時候樹很關切他妹妹，在一旁靜靜觀看。我說：「樹，媽媽現在也覺得旦好麻煩，真是麻煩的小孩。」他有些不好意思（孩子的同理心，妹妹被嫌麻煩，他也不好受）。

我測試，旦不是要喝奶，那麼……我嘆氣：「爸爸，請把紅蕃茄拿給我好不好？」果真，紅番茄一拿到，旦就停止哭泣，吃了紅番茄，喜孜孜地攤在我身上撒嬌，側臉看我，圓圓的眼睛可愛極了。樹看得入神，忘記自己，我大喊：「樹，你想過來跟我們玩，過來吧！沒關係的。」

樹過來找我說話：「我覺得旦的壞處好多好多。」我覺得樹好玩，好奇：「喔？那你的壞處有幾個？」他認真思考，「我的壞處只有一個……嗯，可能有兩個……嗯……」見他過於認真想，我又問：「那旦有沒有好處？」他說：「旦的好處只有一個，就是『可愛』。」我們倆都笑了。旦旦真的很可愛，帶淚的蘋果臉，圓滾滾的眼睛，拚了命，就是要吃蕃茄。

我問樹：「牛番茄好好吃喔！你吃過嗎？」遠遠的，拒吃番茄的他回答我：「我有吃過牛舌餅。」世界開始開心起來。

我很頑皮，問他：「那現在旦旦是不是你的好朋友？」

「一點點。」他靦腆的說。

展爸說：「**朋友很重要，吵架沒關係。就像卡通裡的小蜜蜂跟蟬……他們會吵架，但他們一直是好朋友。**好朋友就是金色的翅膀。」我說：「對啊，爸爸媽媽有沒有感情很好？」樹點頭。我再說：「那我們倆有沒有吵架？」樹點頭。

展爸很驕傲的說：「你知道我們已經吵過幾次架了嗎？」「五百次。」展爸誇張地說。「五百次！」樹開心極了。四個人誇張地大笑起來。

在我們家，吵架過後，總是更形親密。這全家互動的過程真有趣，樹與妹妹的感情，從卡住到鬆開的歷程，放在全家的生活框架下，許多有趣的動力摻雜進來，叮咚叮咚各種聲響顏色，熱鬧極了。

也很敏感的展爸

展爸說：「你再這樣哭，我要抓狂了。我可以不在這裡抓狂，我出去一下。」

於是，旦被交到了我手上，展出門。

二〇〇六年十一月的某個早上。靜坐時，聽到樹的哭聲，我無法安靜，終止了靜坐，從深層內在世界回到家庭中。

我看見：展抱著旦，樹站在他的玩具前哭。那是個絨布月曆，魔鬼沾的結構，每日的數字用魔鬼沾黏上布掛欄。樹每天每個月，都要親自換上。樹傷心至極，哭嚷著，無法清晰語言。

爸爸說：「他想要把錯怪到旦身上，我想告訴他，這件事情每個人都盡力了，沒有人錯。」樹繼續哭泣嚷嚷。旦在爸爸身上滿安穩的，她只是很想靠近哥哥，想碰他、安慰他。展爸說：「你再這樣哭，我要抓狂了。我可以不在這裡抓狂，我出去一下。」

於是，旦被交到了我手上，展出門。我回到自己內心，覺得自己還好，被中斷的靜坐可以放棄，我願意敞開試試看溝通。於是我說：「樹，你要幫助自己，讓自己可以說人話。我們才能溝通。」樹哭著嚷著：「15不見了。」（月曆上的15貼布）我堅持：「你先讓自己回到可以說人話的狀態，我再幫你找。」於是，樹坐在我身邊哭泣。當我用身體擁抱樹之後，旦也安穩地坐在我懷裡。

她安定了，她自在地做自己，不需要去照顧哥哥。

哥哥也安定了，他變成孩子，哭他想哭的。靜心被中斷的我有些拚命，試著將自己從靜坐的安寧中，拉回現世。我說：「媽媽陪你數顏色，好嗎？」不等他答應，我逕自數了起來。後來，樹加入遊戲，與我對話，他回到一個會說人話的狀態。

這時候爸爸也進來了。出外中斷自己的他也恢復平靜（大約三至五分鐘）。樹說的第一句話是：「我想找15。」然後我們一起幫他找。爸爸找到了，原來是旦玩著玩著，就扔在地上了。15找到後，樹恢復他的開心，兩兄妹又玩在一起。

早上依然有好多事情等待進行。昨日半夜到家後，忽然無法發動的汽車要修理；昨日出門，好多的行李包要拆，髒衣服要洗。大家的早餐都還沒吃，且又大便又尿尿，褲子沾弄到臭臭。

吃早餐，展說：「我的手指節好痛，因剛剛搥了牆。」我懂他的方式，沒說什麼，將他的手放在雙手裡，給了一會兒祝福。我邀請樹過來給爸爸「惜惜」，但樹做得無心。他說：「我知道啊，因為爸爸生氣，所以他的手會痛。」（樹記得，爸爸生氣時，會搥牆讓自己平息下來，這是展爸不對樹怒吼的方法。）

我發言：「我們來說剛剛的事情吧！」

樹說：「好啊，爸爸先說。」爸爸說：「我早上覺得很累。因為我覺得那個玩具很適合旦玩，這陣子我們家每個禮拜都為這個玩具衝突。我想要找辦法解決。」

我說：「好，爸爸很累，而且他剛才生氣，手還痛痛。現在換樹說了。」

我說：「說說你的感覺，還有你為什麼有這種感覺。」小朋友看起來有點傷腦筋，他雙手摀著臉頰，將肉都夾扁了。他說：「我不會說。」我問：「你想說嗎？」確認他想說，只是表達能力不足之後，我幫忙他：「你告訴我，你心的顏色是什麼？」

他說：「現在是黃色，剛剛是黑色。」我問：「心情呢？現在與剛剛的心情是什麼？」他說：「現在是happy，剛剛是angry。」（學校的英文課，連帶把EQ提升了。我心裡讚嘆著。）「那你聽到爸爸的累，心情是什麼？」孩子回答：「是sad。」他又用手夾雙頰了，嘟著嘴，很天真無辜的樣子。我想，是孩子因為知曉父親難受的罪惡感受吧！

於是我說：「你去跟爸爸說：『我因為你的感覺而有些難過。』」孩子有些不好意思，我問他：「那你願意抱抱爸爸，表達你想跟他和好嗎？」

孩子跑過去，仰頭抱爸爸。爸爸也抱樹，低頭看他。

樹說：「爸爸，我聽到你的感覺，心裡有些難受。」好啦！親密疏通了。接下來是問題解決。

我發言：「樹，媽媽知道那是你最心愛的玩具。所以，你一天只想給旦玩一次，要我掛高高，不讓旦可以碰到，是嗎？」「那爸爸認為，那個玩具很適合旦玩，所以，不想要玩具掛高高。那我們有什麼辦法呢？」

我們一起想了幾個辦法，最後採取爸爸的提議，變出第二個類似的玩具。我找到家裡的布做的字母沙包，和一塊魔鬼沾的掛圖，創造了一個類似的玩具，屬於旦的。我們還跟樹協商，且一天可以玩超過一次的意願。但得先問過他。

溝通完成，事情暫時有了新的共識。親密恢復流動。

我問自己：何以我鉅細靡遺地寫下這事件？要表達的是什麼？

覺得我想呈現的是，「隱藏的家庭動力」與「親密而自由的互動」在這例子裡有幾個細微的地方，很有趣：

• 展爸最近正在清理他習慣自責與為別人情緒負責的習慣，他有了很棒的理念，即「我們都盡力了，雖然有人受苦，但這件事，沒有誰錯」。

• 展爸也意識到自己對於嚎哭的樹有轉移的情緒，容易失控。他做到的就是，自行處理自己的抓狂。不影響家人。

• 樹四歲半，他發展自我掌控的權力感，也在學習如何分享。這兩者間，很微妙地，在於他是否被聆聽與重視。當他被聆聽與重視，他對人比較有同理心，也比較慷慨、願意分享。當他覺得受忽視且權力被侵犯，他習慣誇大自己的委屈，想要找一個人認定「他錯了」，來鞏固自己沒錯，又受苦的位置。

• 樹在爸爸身邊時，他無法柔軟，他卡住了，站在椅子上，只能用嚎哭的方式讓自己強壯。他用控訴的方式來獲取力量。這是糾結麻煩的方式。但他太弱了，所以選擇窄化。直到壓力消除（父親離開），他才能恢復四歲的理性與人性。

・旦是家裡最弱最小的孩子，若這個家有情緒被壓抑沒有表達，她會無形中成為承受的出口。所以，當我因為展在場，為了表達對他的尊敬，壓抑自己照顧樹的意願時，旦積極地想要照顧哥哥。直到展離開，我鬆開自己，開始與樹互動後，旦才是安定與自由的。

・而我，早上捨棄自我，做了許多事情。累積著從週五晚上開始的全職家庭主婦的責任，我的獨處需求被自己忽視。所以，在中午，我不行了。強烈的要求獨處。這讓我反省，早上的自己，是否太努力？

在這麼多細微的動力下，我覺得我們四人都很精采。展雖然還是敲痛了手，而我喜歡他很為自己負責，也開放又柔軟的敞開。樹依然有他固執於委屈的習慣，而我喜歡他敞開後與我們親近的能力，也更信任他可以學會分享與愛。

旦很安定。她早上依然有很多開心和遊玩。她依然喜歡玩哥哥的玩具，一點都不畏懼。

我雖然失去了平衡，照顧別人太多，而我喜歡，自己現在的反思。這反思，讓我更看見家人互動的大地圖。日後平衡的機會增加了。

一個敏感的樹，還有個敏感的展。

不知女兒和我，在脆弱的主題上，是否雖然敏感，卻比男人強壯些。

爸媽吵架，兒子畫畫

面對父母吵架，樹能安然地在一旁照顧自己，他能自在跑過來問：「你們吵完了嗎？」

夫妻倆，經常有對立的溝通，這樣的過程，因為底層裡有愛，在溝通界限與紀律上嚴謹的我們，會在孩子面前坦然。樹能安然地在一旁照顧自己，他能自在跑過來問：「你們吵完了嗎？」反之，若我們內心壓抑了自己無法消化的不滿，孩子則會「巧合地」出現情緒狀況。

樹四歲半的連假，有天中午飯後，我們倆在他面前吵架。沒有火藥，也沒有對人的攻擊，卻是用堅定而激烈的語氣，各自表達與聆聽。樹一個人安然地坐在身邊的沙發上，頻頻回頭看我們。等我們吵完（約莫十五分鐘），他說：「畫好了。」他畫了一幅圖，素描我們倆的吵架。中間是吃飯桌的碗盤，我的鬈髮豎立，嘴巴下垂；爸爸則張大嘴，生氣的樣子；他自己坐在一旁畫畫。

我們被他畫裡的寧靜沈穩，感染到開心，一下子回到親愛的能量。這孩子的這個片刻，讓我讚嘆。他可以感受到人際互動裡最內層的情感狀態，我與展雖表面上劍拔弩張，但底層真是相愛的。他的畫，畫出了外在表情，在能量上卻展現了深層的聯繫。

在父母爭吵時，他將自己照顧得妥當，這不就是這幾年，我們堅持給予他的能力嗎？

後來，他開心地含了滿嘴的氣球，玩起來。紅黃綠橙的各色氣球塞在嘴巴裡，像色彩繽紛的動物。這孩子的深層心識感受得到，父母的心朝向愛的道路。他曾作過一首詩，叫做〈哭哭過後心像彩虹〉。也許，父母爭吵後，他的心情正如這樣的照片。

可以在父母爭吵時，用畫畫安穩住自己。

讓自己成為一個如是的記錄者，這是我對孩子的信任。

三人哭三人笑

我聽見展跟樹道歉：「爸爸做了不好的事，因為我……」

這是老公記錄的文字。在旦旦六個月，樹五歲兩個月。

昨夜，聽見旦猛然爆哭，抬頭只看見樹快步離開她。我兇巴巴地問：「告訴我！發生什麼事？」原來樹頑皮，動手欺負妹妹一下。我起身，立即用同樣的手段施加在樹身上。樹嚇一跳，淚眼汪汪的盯著我，我猜他嚇著，也痛著了。才明白，剛剛我嘴裡沒說什麼，心頭卻是氣壞。

我「完全不接納」樹的行為以及對妹妹的態度，然後，義憤填膺的下重手管教。

心裡又亂又氣又難過又自責。也開始「完全不接納」自己的行為以及對樹的態度。

理書幫孩子們做花精收驚，我則「倒垃圾遁逃」。碰著心口：確認難過的感覺真不好受，這管教既傷人也自傷，結果難測而代價已付。我要記得樹驚嚇的神情，我願調整自己。我接受自己的難免犯錯，也接受帶來感受糟透的結果。但扮演父母就是會這樣，會失手。我接納自己的現況，同時改變與記取教訓。

接受樹難免調皮、驚嚇妹妹。而不論樹有多少瑕疵與犯錯，我都接納他。在靈魂層面的心靈對話：「是的，遺憾你不是我想像的完美。不過，你就是你，難免會犯錯，如同我一樣。對這件事我頗難過，也震驚，因為我不同意你的作為，可否請你幫個忙，告訴我，你是怎麼想的？」

當老婆的我，看到他的紀錄，我很感動。

女性的我不常有他這樣的情緒反應。他的紀錄，讓我明白，一個壓抑頑皮長大的男人，在面對孩子的頑皮時，可能有的心路歷程。他也示範一個：堅定練習「接納孩子的現狀」以及「接納自己的現狀」。

我們倆來自不同的原生家庭，所以，我們倆各有各的困難功課以及輕鬆功課。展的家，安定富足，幼年時父母忙於創業，他孤單的時候很多。兄姊玩在一起，展習慣獨自玩耍。他的大哥在展心裡，有種代替父親權威管教的味道。

我的家，父親不愛賺錢經常在家，童年時享有父母充分的陪伴。我是家裡的大姊，五個小孩也許暗地競爭父母注意，但基本上我們的生活重點就是玩在一起，笑成一團。

所以，展在物質安全感，經濟放鬆度上超級輕鬆自在；而我，學了好久，才慢慢擁有物質安全感，以及不工作也能不苛責自己。在管教孩子方面，展則極易被兄姊的爭吵困住，保護旦旦，對樹動怒。而我，輕鬆就能看見兩個孩子間的深情與溫柔，所以能在他們爭吵時平心靜氣。

展只能陪伴一個孩子，同時陪伴兩個孩子他有困難；但我陪伴兩個孩子就像當大姊一樣，帶著他們玩在一起，笑成一團。

在物質上，展的輕鬆功課，卻是我的困難功課。

在處理子女競爭，我的輕鬆功課，是展的困難功課。

這樣的我們一起成家，真是幸運，我們可以互相給予，互補所短。

同一個事件發生時，我正在整理房子，聽見旦旦哭了，我感受到旦旦雖傷心卻安定。我說：「旦旦過來，媽媽抱抱。」我正在希望旦學習「在哭泣中依然能行動」，所以我等待，眼光朝向她。倒是展心疼旦旦，一口氣將她抱了過來，放到我懷裡。然後，我聽見展跟樹道歉：「爸爸做了不好的事，因為我……」

我看見樹愣愣地看著道歉的爸爸，才聽到事情的始末。原來當旦旦用杯子喝水時，樹用手撞杯子一下，杯子撞到旦的人中部位，她又痛又驚就哭了。然後，展拿了杯子，如法炮製，也撞了樹的臉。

展倒垃圾去了，我抱著旦旦去看樹（我好像對兒子比較寬鬆），發現他有些能量中斷（受驚嚇），鼻子下方的區域，紅成一片。

我使用花精，有茉莉香氣的能量，像玩家家酒般的問孩子們：「有誰想要買花精啊？」兩個孩子都開心地舉手，我噴在他們手上，要他們將手放在胸口；兩個孩子都很專心地將手放在胸口，專注在呼吸的樣子，真是可愛。

過後我說：「來，樹，媽媽抱。」旦旦立刻指著自己，意思就是她也要。我說：「哥哥先，你等一下。」當我抱著哥哥時，旦旦立在一旁張嘴大哭，眼淚鼻涕齊流，我分一隻手抱旦旦，樹說：「我的背沒有了。」（他需要我的手放在他的背）後來樹滿足了，他說：「換旦旦抱。」

於是，旦旦坐到我懷裡，享受擁抱，她不哭了。抱了一會兒，她自動站起來，指著哥哥說：「ㄣ……」（她當時還不太會說話）「換哥哥了嗎？」我問。

「好。」她說。

哥哥很高興又坐到我懷裡，享受擁抱。站到一旁的旦旦卻又立刻大哭，眼淚鼻涕齊流。這樣的過程反覆數次，直到最後，當我抱著旦旦問：「可以換哥哥了嗎？」她搖頭。哥哥說：「我的分給旦旦好了。」旦旦才真的放鬆，享受了好久好久的擁抱。

我十分感動的是，旦旦雖然難捨媽媽的擁抱，依然指名說：「換哥哥了。」外在人際學習讓她起身讓位給哥哥，回到自身又難捨地大哭。這動作對樹而言，很是觸動：「旦旦好可愛喔！」哥哥感受到妹妹的某種善意，最後，哥哥的擁抱也夠了，他回應妹妹的善意說：「我的分給旦旦。」

手足間無論如何都有競爭的位置，而在我們家，我用一種互動形式，讓這競爭明朗化，於是，我在其中感受到，手足間除了必須學習分享母親的愛之外，同時也有機會獲得彼此間的體諒與關懷。

展倒垃圾好久才回來，我們已經笑成一團，玩在一起。後來我們揉麵糰炸甜甜圈吃，忙到十一點才上床，是個超級愉快的夜晚。對於樹撞旦旦杯子，撞痛她，看在展眼裡的詮釋是：「你欺負妹妹」。這欺負「弱小」的詮釋，容易觸怒他（展小時候瘦小，一直是同年齡裡體力上弱的一方）。

但在我心裡，對這動作有不同的詮釋，經常，旦旦喝奶時，樹喜歡用嘴巴嘟在奶瓶的底部，兩人臉對臉，眼睛直視對笑，這是無論如何，旦旦都會笑的動作，樹很享受這樣與妹妹建立親密關係，他經常這樣和妹妹玩。心情好時輕手輕腳，心情不好時就弄痛了。

這動作有干擾旦喝奶的效果，常會惹我喊他：「不要吵旦喝奶。」於是，這行為對他而言也象徵一種「對權威的挑戰」。

我猜啊，兄妹倆昨晚有競爭的張力，讓樹無意識將這動作轉為「有傷害結果」的行為；我問：「你知道撞了以後旦旦會痛嗎？」他說：「不知道。」我說：「爸爸想讓你知道，這樣是會痛的，你現在知道嗎？」他說：「知道。」我說：「爸爸對你做了這件事，他很難過。」「因為爸爸還沒學會，怎樣輕鬆地跟哥哥相處，所以爸爸很衝動。」樹點點頭說：「這我也知道。」

展倒垃圾上來，要求我：「你可不可以用杯子撞我？這樣我就可以知道是什麼感覺了。」我笑笑：「不要。我不介入這種循環。」

當老婆的我想學會，當老公衝動地管教孩子，支持他的心讓他自己感受，不要介入。我明白過度介入的老婆，會讓老公沒機會感受內在幽微的複雜情緒。

對愛的表達

某天，我管教他，他一下子就說：「我不跟你說話了。」

我問：「你心裡的什麼讓你不跟我說話？」

他回答：「因為我想哭。」

女兒出生快滿四個月，兒子也即將四歲了。

夜半，快睡著前，樹翻身說：「我的腳好冷，我想要人陪。可是我身邊沒有棉被也沒有人。」頓時，忙著照顧旦旦與竊竊私語的夫妻倆，立刻分一人陪他。

夜裡我聆聽到兒子的孤單，心也沈澱下來，想起之前的某日，樹學校上十八尖山做戶外教學。天冷，臨時我送外套上山給他。他面無表情地讓我幫他穿衣，反倒他的同學們「樹媽媽！樹媽媽！」叫得熱情。

回家後問他：「媽媽去的時候你在想什麼？」他說：「我很開心。你來我很開心。」我問：「可是我看到你在想事情，呆呆的，沒有開心的表情耶！」他說：「我看到你很開心，我就想要你留下來陪我，可是我知道你一定會走，所以就沒有說話。」

這細緻的表達讓我一下子呆掉了，孩子的心思竟如此轉折。開心著又盼望著，盼望著又收斂著。

「嗯，入情入理啊！」展在一旁大聲吟唱。哈哈哈哈哈，三人都笑壞了。

「爸爸最搞笑了。」樹臉紅紅的嗔爸爸。

還想起，某天，我管教他，他一下子就說：「我不跟你說話了。」我問：「你心裡的什麼讓你不跟我說話？」他回答：「因為我想哭。」**後來藉由聆聽指認出：他覺得委屈，他說我愛他，怎麼會這樣說他。（意思是，既然愛怎會讓他感覺不被接納。）**我辯解說：「媽媽管你、說你，心裡還是愛你的。」他說：「可是我的身體那時候感覺不到你愛我。」

是喔，是喔，原來，當我管教他時，我是緊縮的，緊縮在一個觀念，一個防患未然的嚴謹，於是，於是孩子真的感受不到我的愛。另外，許多時候我也大聲管教，但我心裡是笑的，信任的，除了給予規條之外，看見的是孩子的無限可能與美好，樹的身體就能感受到愛了。

樹的情緒表達，是我養出來的孩子。跟在我旁邊，看心的顏色，說心發生什麼事，摸心的感覺。說話，說腦袋想什麼，說心裡發生什麼故事。這樣的孩子，很溫柔而貼心的，讓我自然自在地與他相處，因為跟很像自己的孩子在一起，如同回到靈性的家一樣。

這樣的孩子，夜裡表達了孤單，我意識到，最滋養他的是我身體的溫暖。女兒出生後，樹的夜間就少了媽媽的身體。等女兒強壯些，我們倆加入四人的大床，我又眷戀夫妻溫暖，而賴在丈夫身邊。看來，習慣左擁右抱睡覺的我，現在有三個人要選二，得輪流了。

有個對愛很敏感的孩子，他表達了，我就調整。

CH2
甜蜜與溫柔

甜蜜與溫柔記錄的是家裡最柔軟而發亮的時刻，
甜甜軟軟、香香暖暖的生活記憶。

兔兔尿布

隔天，旦又有新狀況，她指著尿布上的貓咪說：「我怕它，我不要穿。」

旦的尿布用完了，展去買尿布，展買的尿布，除了size過小之外，還鬧出許多小插曲。

插曲的開始，是旦旦很喜歡那包尿布的包裝，包裝上印了可愛的嬰兒，包了尿布，印花上的嬰兒，穿的是兔兔尿布。旦旦指著自己脫下來的尿布，說：「我不喜歡這個。」旦旦指著尿布包裝上的男嬰，說：「兔兔尿布，我要跟他一樣。」

我打開整包尿布才弄清楚狀況，那包尿布印著動物圖案，有牛、老虎、狗、貓咪、大象……和兔子。花俏的設計，至少有十種動物吧！哪裡每次都能有兔兔尿布？我當下決定勸說旦旦，換一個大象尿布吧！

每一天，除了旦旦熟睡之外，換尿布成了麻煩事，少不了有許多協商。我知道尿布包裡一定還有兔兔尿布，但我決定把那幾片尿布，留在時間緊急或我疲憊時使用。

展就不一樣了，若是他幫旦旦洗澡或換尿布，父女倆就很高興，找啊找的，我可以聽見旦的歡呼：「找到了！」「還有兔兔尿布耶。」

兔兔尿布快用光了，我開始知道，展把輕鬆快樂的兔兔尿布用完，接下來，我能做些什麼？

在旦旦跟我討兔兔尿布時，我說：「媽媽畫一隻給你，好不好？」

「好哇！」小女孩其實很有彈性的。我拿了漂亮的深粉紅油性筆，在尿布上畫一張兔兔的大臉。旦旦很高興。

隔天，她又有新狀況，她指著尿布上的貓咪說：「我怕它，我不要穿。」於是，我拿了油性筆，認真的說：「那我畫一個房子，讓貓咪住在裡面，就不會出來嚇你了，好不好？」

旦旦既安心又開心，我又過關了。

接下來，她雖然有我畫的兔子，她怕的貓咪與牛也被關起來了，但她繼續執著指著尿布包裝上的男嬰，「我要跟他一樣的！」我說：「好啊，那媽媽幫這個弟弟，也畫一隻紅兔兔好啦！」

包裝上的男嬰，多了一隻小小的，我畫的，與旦旦尿布上一模一樣的兔子。旦旦滿足了，她很開心地指著包裝上的男嬰：「跟我一樣的，小小紅兔兔。」

後來，直到這包尿布用完，我們都高枕無憂。

畫尿布逐漸成了好玩有趣的事情。後來連哥哥都加入了。某天，我洗完碗，發現樹帶著旦旦，兩人把所有的尿布都拿出來。樹拿著畫筆，問妹妹：「旦旦，哥哥幫你畫尿布。你要什麼？兔兔好嗎？還要不要白雲？小花？……」每一張尿布，都是樹的傑作。而旦旦，不執著於兔子了，只要哥哥畫的，什麼都好。

我知道，兄妹倆，有了好關係。

而我們家，有了幸福的開始。

小男孩的友誼

有一回，樹跟我說：「我本來有十八個朋友，菘是第十八個，現在他不是了，所以我只剩十七個朋友。」

我很驚訝：「什麼時候菘不是你的朋友了？」

午飯後，樹煮咖啡，我泡茶，展洗碗。然後我們一起坐下來吃巧克力蛋糕。蛋糕是從南部帶回來，昨天沒吃完的85度C。一塊完整的，一塊樹吃了一半，一塊菘吃了一半。「我們先吃哪一塊呢？」樹問。「你想吃哪一塊呢？」爸爸問。後來三人合吃了樹沒吃完的半塊。

半塊吃完，展看著菘吃剩的半塊，忽然嘴饞，開始吃起來。樹問：「你們吃這塊，是不是想念菘啊？」我笑笑：「我猜爸爸是覺得好吃而已。」

陪著吃了兩口的樹，忽然說：「我吃了以後，心裡在流眼淚。」

「喔？」夫妻異口同聲問：「怎麼了？」

「我想念菘。」小人兒坐到我腿上，沈靜下來。

「嗯，想念到心裡會流淚，那叫做『思念』了。」我說：「媽媽以前也常這樣思念爸爸。」

這是兩個會互相思念的表兄弟。他們差十五天出生，一起住過坐月子中心，穿同一個人買的衣鞋（懶得逛街的我，東西都委託妹妹買），用相同牌子的娃娃椅、沐浴乳、尿布……三年半來每月相聚一至兩次。大部分是樹到菘的家，或一起聚在外婆家。年幼時，超慷慨的菘和樹分享每一個玩具，每次別離都是菘難分難捨又淚漣漣。

兩人逐漸長成很不一樣的男孩：一個敏感愛哭，一個剛強活潑。

進入小叛逆期後，樹喜好理性分析，菘的情感面則變得強烈火爆。玩具開始不一定能互相分享了，菘會說：「不要，我不要借他玩。」要南下前，我問樹要帶什麼玩具。他變得什麼都不想帶，理由是：「菘會想要玩，我不讓他玩。」

於是互動變得很有趣，時而衝突，又立刻和好。時而冷漠撇頭離開，然後又追逐笑鬧在一起。

神祕的是，兩個同年齡的孩子間很少有競爭的張力。菘自小聰慧，是個歌舞表演天才；樹在他面前總是寧靜地觀看，特別安靜地拘束著自己想跳舞的衝動。樹則是個語言發展特早的表達者，菘一點也不介意地走自己的進度。現在樹開始能自在地到處舞蹈，菘則越來越清晰明朗的用言語互動。

妹妹喜歡笑說自己兒子的聰慧與頑劣，我總是安靜的不說什麼。樹的美好也是妹妹在說的。上學後的菘變得明亮懂事，每兩週都有新的學習，還窩在我們身邊上學的樹，想像力則呈現一種寬廣與深邃的美。

兩個小孩還是經常互相想念，我也是經常會想念妹妹的姊姊。菘的性格裡有一種獨特的優越感，但樹是他心裡放得很深的兄弟。樹的個性則敏感脆弱，傷過的心若沒復原他不會忘掉。

有一回，樹跟我說：「我本來有十八個朋友，菘是第十八個，現在他不是了，所以我只剩十七個朋友。」

我很驚訝：「什麼時候菘不是你的朋友了？」

他說：「很久以前了，我不知道你記不記得，菘說我不是他的好朋友。」

我想起來，那是兩個月前兩人吵架的插曲。我笑笑，「樹，媽媽記得有一次你也跟我說：『我永遠不要跟你玩了。』」小人兒笑稱：「那是我騙你的。」

我說：「那媽媽認為，菘說那句話的心情跟你一樣。」小人兒忽然大笑，放下一顆心的輕鬆，說：「原來他也是騙我的啊。那我就有十八個朋友了。」

兩個小孩繼續在週末相聚一天一夜，菘開始學習柔軟與哭，樹則開始學習剛強。他們開始會私下說話聊天，一起坐在電腦前玩遊戲，一起坐在鋼琴前玩琴，菘會問：「樹，你要不要下棋？」樹會說：「好。」

「你要不要……？」「好。」……我想像著，表兄弟倆這樣的互動循環，一直到他們長大。

互補的性格，一起到世界冒險。

媽媽生產時的樹

爸爸：「所以今天晚上，爸爸要留在醫院照顧媽媽。」
樹：「媽媽照顧小旦旦，你照顧媽媽，那誰照顧我？」

我坐月子期間乖乖地守著禁忌，保護眼睛不看書，不打開電腦。但書寫之於我的心如同陽光和風之於天空，沒有陽光與風的天空，積滿了雲。

有時天空夠大，雲化成色彩豔麗的夢境，有時天空被外界的聲音推拉變小，白天夜晚都難以入睡。花太多力氣哺乳，娃娃睡覺後自己卻睡不著了，於是索性起來寫字，想起最初開始書寫是為樹而寫的，於是，把心思回到樹，寫成一篇文字。

許多個夜晚沒有陪樹睡覺的我，經常想念他。昨夜，為了讓我好睡，與展說好了換班，由展睡到娃娃床邊，換我陪樹睡。（其實，旦旦吃完奶，我上床時已凌晨三點了。）母子很有默契的說故事，然後他趴在床上柔軟地挨著：「嗯，嗯。」我一下子才會過意來，他要我抓背。

抓著孩子溫暖的背，我熱淚盈眶。樹不到一分鐘就熟睡了，剩下我聆聽熱淚的低吟。熱淚在說：「好想念樹，懷念每日幫他抓背的日子。好久不見的愛。」

想起看完繪本《橘色奇蹟》的樹，最近逢人就問：「你的夢想是什麼？」或是：「那你的房子要蓋成什麼樣子？」我回答他：「我的夢想是『四個人生活在一起』，我要的房子『就是我們現在住的樣子』。」

當哥哥的樹，很溫柔。記得住院的第二夜，我賴著展陪我在醫院過夜，於是樹得託付阿嬤過夜。我們與他商量，對話如下：

爸爸：「樹，你知道醫生在媽媽的肚子割開一個洞，讓小旦旦出來嗎？」

樹：「媽媽，沒關係，你的大肚子沒有了，還是很漂亮啊。」

爸爸：「媽媽因為肚子現在痛痛，所以要人照顧。」

樹：「媽媽，我喜歡你。」

爸爸：「所以，媽媽要住在醫院裡，媽媽需要人照顧。」

樹：「喔？」

爸爸：「所以今天晚上，爸爸要留在醫院照顧媽媽。」

樹：「媽媽照顧小旦旦，你照顧媽媽，那誰照顧我？」

爸爸：「你猜。」

樹：「是阿嬤嗎？」（我們為了這天，預演好多次了。）

樹（歡樂的）：「是阿嬤，是阿嬤。」然後補充：「我剛剛還以為是醫生照顧媽媽呢！」

在醫院，我學會，樹來了，先讓妹妹待一會兒，然後就推回嬰兒室，讓自己能專心陪伴樹。因為我感受到，即使學著成熟的樹，心裡還是有適應上的混亂，他在能量上，少了與我們兩人獨處時的寧靜與深度。（展說，那是我專心陪伴時，樹最常有的狀態。）

當樹在醫院單獨擁有媽媽時，他喜歡賴到我床上（通常不超過兩分鐘）。有一次，他趴到我身上，然後很驚喜很驚喜：「媽媽，現在你可以讓我趴到你身上，你的肚子不痛了？」這是他最歡喜的時刻。

因為自從肚子長大，樹就失去了「趴在媽媽肚子上享受」的快樂。後來他說了好多回，「現在你的肚子可以讓我趴著了。現在你的肚子可以讓我趴著了！」

樹的適應還不錯，這得歸功於家族系統的平衡，婆家娘家，人手充裕：婆婆照顧樹、親娘照顧我。住院期間的夢境，除了痛的主題外，都是愛的環繞。樹那幾天最需要的是玩伴，只要有人在，他變得外向，就會把他／她當成玩伴。而他需要展或我很多時，是他沒有玩伴時。若有玩伴，我們只需要扮演他需要時，能回來抱抱的家。其他任何能陪他玩的人，他都敞開與接納。

原來，用三年來給他那麼多安全依附的我們，在這時候，享受到自由的回報。

P.S.：繪本《橘色奇蹟》的名言：

我的房子就是我自己，

我就是我的房子，

我的房子是我展現所有夢想的場所。

陪伴初生的女兒

每當旦大哭，哭到聲嘶力竭，我會使出最後一招，站起來抱她拍屁股。

這時候我會模仿她哭的節奏，或快或慢拍她屁股，嘴裡說著：「喝……喝……喝……」配合著節奏唱著：「旦，你哭哭，哭不舒服又沒人懂喔！」這樣唱和的力道，經常很快安撫她。

女兒出生以後，她成了我生活的重心。在她出生的第四個月，無論她在不在身邊，心裡都是她。只是這種感受太無言，太寧靜，一直無法為她寫文章。最近拚命想留下什麼，終於找到個敘事軸線，能為母女生活發聲。

女兒是個哭起來驚天動地，笑起來也撼動人心的率直人兒。而我，很愛與她「對話」。以下是我們「對話」的小片段：

故事一：咿嗚對話

每當她睡醒，或是從阿嬤手中接回來，

當她一眼認出我來，就開始她的凝視了。

她會很深很長地凝視我，她會用笑跟我打招呼。

這笑在我聽起來像是說：「媽媽，你好啊，又見面了。」

若我不開車，專心抱她正對我，我們就會開始咿嗚呵啊的對話。

我跟隨她的語調節奏發音，兩人一來一往熱鬧得很。

故事二：唱和

每當她大哭，哭到聲嘶力竭，什麼原因都找不出時，我會使出最後一招，站起來抱她拍屁股。（平時為疼惜自己，抱她一定是坐著，腰有後靠著。）

這時候我會模仿她哭的節奏，或快或慢拍她屁股，嘴裡說著：「喝……喝……喝……」

配合著節奏唱著：「旦，你哭哭，哭不舒服又沒人懂喔！」

很神祕地，這樣唱和的力道，經常很快安撫她（註1）。

有一次，當我唱和說：「旦，你是不是很累很累，想睡卻睡不著啊？」

她一下子從嚎啕轉成嗚咽，委屈似的柔聲哭泣。

「她因為被同理聆聽，所以變成委屈地哭了。」我有自信地詮釋。

這招絕活的祕訣是：「跟隨」，我拍屁股的節奏，唱和的音量，使用的語言，都試著與她同步。只要同步上了，我的穩定能量，即能與她的大混亂共振，漸漸將她帶離能量大混亂的狂哭（註2）。

故事三：按摩對話

平日，有潔癖傾向的我，喜歡幫她洗澡，喜歡仔細清洗她的脖子、大腿、手臂各種米其林般的肉縫。

她最愛泡澡，放鬆地踢水張口。

洗澡時，我與她是無言的，只聽到水聲啪答嘩啦。我用雙手的動作，與她的身體對話。洗澡後的旦旦，會呈現眼睛變大，嘴巴微張的超可愛貌。

式。

故事四：用呼吸陪伴

旦旦不好睡，入眠後得三十分鐘才能進入深眠。這時候，呼吸是最好的陪伴方式。

抱她時，若自己也能放鬆地綿長呼吸，最能陪她入睡。

疲憊時，躺著將她放在自己的肚子上，用肚子的呼吸起伏陪她。

故事五：口語對話

我是最會用語言的，所以母女時光，少不了聽我說話。

展曾說：「每次你和旦旦在一起，我都很欣賞。」

展欣賞的是，我很自然地，將旦旦當成一有主體的存在，很「我與你」地尊重她。（註：這是哲學家馬丁．布伯說的「I and Thou」）

換大便尿布時，我說：「旦，幫你擦屁股喔，媽媽會幫你擦得很乾淨的。因為女生的屁屁最寶貝，你以後也要這樣寶貝自己喔！」

餵奶時，我經常說：「還要不要吃？讓媽媽再試一次，你不想吃，要讓我知道喔！」於是她會用舌頭吐出，用撇頭，用扁嘴來讓我知道她不吃，或用吸吮的嘗試，哭聲，或是吞嚥來讓我知道她想吃，只是一時吃不好。

對最近很愛吃手的她，我有時會忍不住說：「旦，不要再吃手了。」這時候她會停止，把手拿開。過一會兒，忍不住又繼續放到嘴邊，然後猶豫一下再拿走。等忍不住，她就直接吸吮自己的手，不理我了。

其實，吃手對她而言不是直接的需求，而是一種自我安撫的策略。**若她頻繁吃手或是揉臉，意味著她有焦慮。**最好的方式是抱她起來，緊緊的，低聲唱歌。她就會睡著了。

（很不愛用奶嘴的我，用唱歌以及身體，取代安撫奶嘴。）

日子就這樣流動。在旦旦出現時，只要我能鬆開自己的時間焦慮，停留在此時此刻，就有溫柔的深情發生。而孩子，也就能安穩地長大，有個很安穩的，安穩的核心性格。

註1：我學會喜歡唱歌，是在樹嬰兒時。我學會像巫女般迷醉地唱和，則是現在，旦旦嬰兒時。然後，發覺自己唱歌，很好聽喔！

註2：嬰兒的感官世界與成人不同，他們的視覺是流動的，他們聽見的聲音也與我們不同，觸覺的觸碰，會直接與她的自體感融合成一體——我們可以想像，所有的感官刺激，對嬰兒而言，都是放大且與自身同

體的。所以，我詮釋，旦旦大哭時，是她累了（界限更鬆散），而外在感官刺激卻誇大她的混亂，刺激累積過度呈現瀕臨爆炸狀態。我稱之為：「大混亂」。

樹成為哥哥

樹問爸爸：「媽媽肚子裡的小蛋蛋以後叫什麼名字？」爸爸回答：「如果是妹妹就叫做千尋，如果是弟弟還不知道。」樹想了想：「如果是弟弟就叫做吳小蛋好不好？」於是我們把這個名字列入考慮名單。

這篇文字彙整了不同時期的幾個短篇，用來看見樹成為哥哥的變化。

旦旦在媽媽肚子裡四個月，樹三歲兩個月的時候

那時候，旦旦還被稱為「小蛋蛋」，意思是媽媽肚子裡的一顆蛋。樹分配玩具，總會有小蛋蛋的一份。他開始分配車子上的座位，媽媽、爸爸……我，還有阿嬤，然後還有小蛋蛋坐中間，「這樣我們就有五個人啦！」他開心而滿足。

前一陣子，樹面帶凝重的跟我說：「媽媽，我的肚子裡也有個小蛋蛋。」我笑

笑，覺得他可愛，聆聽他但不強調。

那天，樹坐在車子裡喝水，車子爬坡搖晃時杯子搖到他滿身都是水，他嚷嚷：「好溼好溼。」於是我趕忙抓了一件小背心塞到他T恤裡。他坐在安全椅上，手摸著鼓鼓的肚子，看起來很滿足的若有所思。

一會兒，他說：「媽媽，我的肚子好痛。」「怎麼啦？」夫妻倆關懷地詢問，只聽見小人兒正色說：「因為我肚子裡的小蛋蛋長出腳來了，他正在踢我的肚子。」（這是我跟他說過的懷孕歷程，我們倆忍住心裡想爆笑的衝動。）

我說：「沒關係，以前你踢媽媽肚子的時候，媽媽會摸摸肚子跟你說說話，就不痛了。」於是小人兒呼嚕一聲睡著了。

一會兒他在床上醒來，衣服裡塞的背心已經被我拿走。他醒來第一句話是：「我的小蛋蛋呢？」我說：「生出來啦！」他看著躺在身旁的一坨衣服。一會兒，我從浴室出來，發現小背心上面塞了一張摺疊好的面紙。

「咦？這是什麼？」我好奇。展爸說：「那是樹餵小蛋蛋喝的奶奶。」

夫妻倆又好笑又甜蜜。

樹問爸爸：「媽媽肚子裡的小蛋蛋以後叫什麼名字？」爸爸回答：「如果是妹

妹就叫做千尋，如果是弟弟還不知道。」樹想了想：「如果是弟弟就叫做吳小蛋好不好？」於是我們把這個名字列入考慮名單。

在樹三歲八個月時，妹妹出生的第二天，樹在醫院第一次看到她。

他害羞地賴到我身邊：「媽媽，你可不可以跟她說，說我是她的哥哥？」

由於住院好多天，樹每天過來，第二次來時，他說：「媽媽，你跟她說，以前她常聽到咳嗽和唱歌的聲音，就是我。」然後有一種當哥哥的喜悅。第三次，他摸摸妹妹，告訴她：「我是你的哥哥，等你一歲就會叫我哥哥了。」他們的關係緩慢進展，非常慢，一點一滴的，沒有任何人催促。

他對妹妹的喜歡，是從零開始學習的。一開始，他對baby有一種「敬而遠之」的樣貌，彷彿baby是紙做的，會被他碰壞似的。

後來他開始看她，碰她的身體，聞她是否要換尿布。幫我拿尿布，拿水，拿紙……對她笑、聽她聲音，告訴我她哭了。逢人就問：「她是不是很可愛啊？」樹用一種充滿神奇的笑容貼近baby，彷彿她是另一國度的可愛生物。

坐月子期間，生活分成2＋2人組，我和女兒一組，展爸和樹一組。大家都還在調適中，我從能量虛耗中慢慢恢復，展從扛起更重的責任中學習舒展……而樹則從唯一的孩子逐漸變成哥哥。

六週後，我聽到樹說：「我們四人過著幸福快樂的生活。」哇，「幸福快樂」這句樹的口頭禪，已經消失了六週，再次聽到彷彿隔世，原來，坐月子的辛苦漸漸遠去，正常生活回來了。

是的，樹不但沒有失去媽媽，還多了更多熱鬧的、要學習的生命在前方等待著他。

但其實，對老大的樹而言，最貼切的真實就是，他再也不能暢所欲為地隨時賴到媽媽身邊了。媽媽身上除了掛著妹妹之外，妹妹會表達，會有意見，還經常表現出，「媽媽是我一個人的」錯誤認知。同時兄妹倆也逐漸有了更多更多的互動。

在旦旦快一歲時，喜歡玩大富翁的樹，突發奇想，拿了卡片說要做「命運卡」，其中有一張卡片，他要我幫他寫：「家裡有旦旦，超級幸福快樂，得兩萬元。」

呵呵，我把它當成對妹妹的心裡話。「幸福快樂」是他真心的感受，就在妹妹十一個月時，well姨問他：「有了旦旦以後，生活有什麼不一樣？」他回答：「變得更幸福快樂。」well姨不死心：「難道都沒有受到一點點干擾嗎？」他回答：「有一點點，就是她抓我頭髮的時候很痛。」（碰觸，抓取，要嘴巴靠近，是旦旦表達喜歡的三動作。）

當旦旦一歲，樹當哥哥也一年了，某天夜晚，樹刷牙時，妹妹爬著要去找哥哥，結果不知出了什麼事，旦旦大哭失聲。樹問：「媽媽，剛剛旦怎麼了？」我仔細說明，旦一手開門一手放在地上門邊，就被門夾到手指頭。

他心疼地抱著妹妹說：「旦旦寶貝，沒關係，以後你會一點點學會的。」他安慰妹妹的樣子，很像我，溫柔樂觀而正向。

樹就這樣，經過一年的洗禮，他認了妹妹，感受到相聚的幸福，開始學習給予愛。他的哥哥生涯，增添了成熟，讓我感動。

旦學會說好

抓餅吃完了，當我拿紙袋丟垃圾桶時，旦開始尖叫，追著我跑。

這是旦旦十六個月的故事。她喜歡說「好」，對生命敞開，她說好的三聲轉折語調清晰好聽，是我們全家的享受。她也會說No，她說No的方式有兩種：搖頭，尖叫與哭。我逐漸學會與旦旦的尖叫和哭泣互動。

例子一：某日傍晚，分別接兩個孩子上車，三人在車上聽台語歌練唱，輕鬆愉快。樹愛吃抓餅，我們開車去買。抓餅一到，旦旦就比著自己想吃，樹說：「不行。」一用手在她面前搖搖，旦旦尖叫，眼見著就要大哭了。

我請樹後退，緩慢的語調說：

「媽媽，現在不吃。」

「哥哥，現在不吃。」

「旦旦，現在不吃。」

旦旦安靜聆聽，於是我又說：「回家以後……」

「媽媽，吃抓餅。」

「哥哥，吃抓餅。」

「旦旦，吃抓餅。」

「好。」小女孩露出甜美的笑。

過不到三秒，她咿嗚哭泣，意思是要吃抓餅，我又重複一次，緩慢清晰帶著笑：回家以後，「媽媽，吃抓餅。」「哥哥，吃抓餅。」「旦旦，吃抓餅。」「好。」小女孩發出漂亮三聲的好字。這過程重複五次，樹也學會，他開始與妹妹溝通，大家都很開心。

回家後，洗手吃抓餅，小女孩輪流指著每個人，意思是，媽媽吃，哥哥吃，旦旦吃。開心享受吃很小口的抓餅。抓餅吃完了，當我拿紙袋丟垃圾桶時，她開始尖叫，追著我跑。（她還想吃，以為我不給她吃。）

我蹲下來，翻開抓餅紙袋給她看，「沒有了。」小女孩用手在空中抓兩下比出沒有的動作，滿意極了。我說：「幫媽媽丟垃圾桶。」她搖搖晃晃地將紙袋丟進垃圾桶。結束了，她很開心。

例子二：

小女孩最愛洗澡了，尤其是擠進媽媽的浴缸。我洗澡時，她在一旁，帶了顆球，興奮地想爬進來。我說：「媽媽今天想要一個人洗澡。」她有欲哭的傾向，我說：「媽媽，在裡面。」（我比自己，她也比我。）「旦旦，在外面。」（她比自己，我跟著點頭。）

「媽媽，洗澡，在裡面。」

「旦旦，跟媽媽玩，在外面。」

「我們一起玩水。」

小女孩說：「好。」我們玩球，玩水，玩得咯咯笑。

旦旦是個明事理的女孩，她喜歡整體的和諧，她也是個清楚自我堅持的女孩，也學會兇狠地維護自己的界限。所以，當我們忽然說不，或者像哥哥太快闖入她的領域，她會哭，會尖叫，會生氣，是自然。

小女孩需要我們後退一步，慢慢的，給她一個格局，她學會，接納並等待，於是，她吃到了抓餅，跟媽媽玩到了水。

跟小小孩溝通，我的句子通常不超過十個字，通常是三至七個字，很慢的說，重複表達外加手勢，我們母女倆，從她出生沒多久起就溝通無阻呢！

讓旦旦說好的溝通方式，就是給她一個確定的計畫，她會喜歡，也有能力延宕需求滿足的時間。

以下是我陪旦旦的習慣

・積極聆聽她的動作：

很早以前，旦旦表達的方式是：「用手指比」，而我回應的方式，就是將她比的地方說出來。

例如：她比我，我就說：「媽媽」，「嗯，媽媽。」她比我又比她自己，我會說：「媽媽，旦旦……媽媽愛旦旦。」她比抓餅然後比自己，我說：「抓餅，旦旦想要吃抓餅。」「吃抓餅好嗎？」

她看書，比書上的鴨子，我說：「鴨子。」她比草莓，我說：「草莓。」……

・積極聆聽她的需求

當她會說話了，爸爸出門，她會比著門口說：「爸爸。」我會說：「爸爸。」「爸爸倒垃圾。」

她接著又比著我說：「媽媽。」我會回答：「媽媽。」「媽媽陪旦旦。」然後她會笑，這過程通常會重複兩至四次，直到她安心，「媽媽陪旦旦。」

・積極聆聽，然後給她一個選擇

她有時候會有強烈的意志，比方說，昨天傍晚，我接她從阿嬤家離開，她比著窗外，一直哭。

「阿嬤。」「找阿嬤好不好？」我聆聽她。「好。」她回答。但是我車子一直往前開，她繼續哭。

「接哥哥。」「我們一起去接哥哥好不好？」我問。搖頭，她哭泣搖頭。

「吃抓餅。」「接哥哥完去吃抓餅，好不好？」我加上抓餅。「好。」她說好。

「回家。」「我們回家好不好？」我問。搖頭，她哭泣搖頭。

「回家。」「我們回家看《天線寶寶》好不好？」我加上一個好東西。

「好。」她答應。

看著車子繼續往前走，她又比著窗外哭泣。

「找阿嬤。」「回家以後打電話給阿嬤好不好？」我給她一個與阿嬤的聯繫。

「好。」她答應。

通常，我只要真誠地找到三個好，是她同意，而我也能給予的，我們就能順順地繼續前行，她也會停止哭泣，讓注意力回到此時此刻。

・萬物一體的概念

旦旦會跌倒，很早以前我就發現，當她跌倒時，我只惜惜她是不夠的。她會用手拍拍地板，她剛才撞到的地方。我不確定是不是阿嬤會像以前我的媽一樣，拍地板說：「我打它。」我承接她拍地板的動作，會這樣說：「旦旦跌倒了，媽媽惜惜。」我拍拍旦旦：「旦旦沒事了。」又拍拍地板：「地板也沒事了。」我拍完，她又拍地板，然後說：「旦旦跟地板都沒事了。」

她很快就會笑了，回復力量與完整狀態。

當我們吃飯時，她經常黏著我在廚房，我經常抱著她拿碗：「爸爸的碗。」「媽媽的碗。」「哥哥的碗。」「旦旦的碗。」「爸爸的筷子。」「媽媽的筷子。」「哥哥的湯匙。」「旦旦的湯匙。」

昨日，用餐時只有三人，但我依然擺了爸爸的碗筷，吃到一半時爸爸開門回來，旦旦興奮地衝上前喊：「爸爸。爸爸。」然後，當爸爸坐到桌子前，旦旦立即把整碗水餃推到爸爸面前。

我說：「旦旦說爸爸吃水餃。」女兒的舉動，讓展爸好樂好樂。

她記得爸爸，把食物推到爸爸面前。

這對我而言，是個成熟的象徵。旦旦從自我中心的孩子，逐漸擴展她自己，她的心，有了這世界的和諧，有了萬物一體。有了媽媽、爸爸和哥哥。喔，當然，還有阿嬤呢！

學會珍惜妹妹

樹快速衝進旦旦的領域，對她手上的玩具有興趣，而旦會在樹尚未碰到玩具之前二分之一秒，就開始尖叫。

一歲六個多月的旦旦開始能用簡單的語言溝通，且獨立了，我也更有自由多關心樹。兩個孩子，就過了每相遇必吵的階段，他們很難用過往的模式爭吵。他們都有進展了，就會有一陣子親密的平靜期。我很好奇，下一個爭吵模式會是什麼？底下是我的觀察報告：

前一陣子，他們密集地吵架，夫妻倆的挑戰就是：接納樹頻繁的調皮，以及旦經常的尖叫。

他們爭吵的模式是：樹快速衝進旦旦的領域，對她手上的玩具有興趣，而旦會在樹尚未碰到玩具之前二分之一秒，就開始尖叫。

有意思的是，兩個孩子有興趣的玩具都是：「對方手上正在玩的那一個。」這幾天，兩個孩子都發展完成某些東西，所以我預估，這模式過去了。

我花了幾週積極擁抱樹，也花了幾個月，讓旦明白：「媽媽的懷抱，同時屬於你和哥哥的。」

樹吸收了一個概念：「媽媽還是跟以前一樣愛我。」旦也吸收了一個概念：「我們可以輪流，哥哥不會侵佔媽媽。」樹多了一種能力：他學會用不同的方式親近妹妹，逗妹妹笑。旦多了一種能力：玩遊戲時輪流的能力。

簡單地說是旦長大了，溝通能力增加。旦開始聽懂一種話語：「哥哥完，就換你。」以及「換我了」的喜悅，以前，她只能等一秒鐘，現在，她開始能等三分鐘。

她在各種地方學會輪流的快樂，輪流吃一塊抓餅，輪流騎媽媽馬，輪流玩一顆球，輪流洗澡。她開始可以等待，開始有兩個句子的容納量，這都是進步。

因為旦更能用語言溝通了，所以樹學會跟旦旦溝通。他開始從「讓妹妹快樂，讓妹妹說『好』的互動中，感受到快樂」。

這份快樂，也加強了他感受到自己的重要性與價值感，於是，他不需要「逗弄妹妹」或「與妹妹爭玩具」來獲得快感與權力感。他享受了「分享」和「給予」所帶來的滿足和價值感。

當然，更深層的是：

旦多了對爸爸的依戀與依附，她可以讓媽媽與哥哥靠近，而不覺得恐慌。展多了許多與女兒在一起的享受，他更能表達他的愛。

以下分享一段經驗，是我有意識創造出來的全家學習機會。

自從女兒出生後，幫哥哥洗澡大部分的責任是爸爸，直到幾個月前，我意識到這不平衡，開始實踐爸爸媽媽會輪流幫他洗澡。慢慢地，變成我每天會幫兩個小孩洗澡。

但問題來了，「誰先洗？」兩個孩子都會搶著「先洗」。為了平衡，我說：「輪流，一天哥哥先，一天妹妹先。」樹哥哥很快就接受了，他喜歡輪流。輪到妹妹先洗的那天，平安無事。

但哥哥先洗的時候，妹妹會在一旁搶著要爬入浴缸，比畫著要脫衣服，當我太久沒回應時，她會哭。然後，她開始「為自己行動」，她會剛剛好在哥哥洗完的瞬間，說：「爸爸。」她堅持要讓爸爸幫她洗澡，然後她如願了。這過程讓妹妹感受到安全，至少，她還有爸爸可以找。

這習慣持續了十天，終於有一次，旦跑去哭爸爸洗的時候，我說：「媽媽洗。」她雖繼續哭，但動作上沒有抗拒，我們一起進入浴缸，結結實實地在水裡玩個夠。這過程讓旦旦充分感受到，晚一點洗也是快樂而滿足的。

剛剛好的是，這陣子，我同時訓練哥哥自己洗澡，他很喜歡也享受這樣的能力感，他會仔細地用沐浴球刷身上的小細節，溫柔地幫自己抓頭髮洗頭，用毛巾將頭髮擦得很乾，找到他喜歡的衣服自己穿上，最後，用除溼機的熱氣將頭髮吹乾，然後出來接受我們的歡呼。當哥哥這樣做以後，誰先洗已經不是重點，旦的需求是當我在浴室時，黏在我身邊的她就會想要進入浴缸。

透過自己洗澡，還有學會用筷子，哥哥的自我認同更進入「成熟」的哥哥位置，透過積極主動地給更多擁抱，哥哥也感受到，「沒有損失」。於是，他不跟妹妹搶小，而是喜悅而珍惜（註1）自己擁有妹妹。

哥哥自然轉變成照顧者，欣賞妹妹的幼稚，兩人的和諧時刻更多了。透過學習輪流，並感受到，與哥哥輪流其實有更多的快樂，妹妹的視野，放入哥哥與她是相同階層的夥伴，爸爸與媽媽，哥哥與我……旦妹妹感受到，穩穩地安在於家庭位置的好，她學會尊重哥哥，感受到與哥哥一起玩的樂趣，而不再視哥哥為掠奪者。

妹妹學會合作，學會等待，學會表達……不需要成為中心，在家庭中，她享受安分與安居於自己位置所帶來的豐沛。

註1：在發展至這階段之前，某一天，我跟樹說：「哇，OO沒有妹妹，XX沒有妹妹，YY沒有妹妹，ZZ沒有妹妹。只。有。你。有妹妹耶，你有妹妹可以陪你玩，你有妹妹可以照顧，偶爾還欺負她，有妹妹可以跟你搶玩具，可以吵著要看寶寶，兩個人搶著被媽媽抱，搶著誰先洗澡，一起玩造飛機，你有妹妹可以覺得很好笑，還有妹妹可以教她說話，真是……太……太……太神奇了。而且你的妹妹很可愛喔！」「哇嗚！」樹瞳孔放大眼睛發亮，「耶，」樹跳起來，「只有我有妹妹耶。」這段話，被樹吸收且認同了，他開始感覺到榮耀且珍惜，「我有妹妹耶。」

一雙兄妹，父母納涼

樹開始不快樂了，「怎麼辦？有三顆，我不知怎麼公平？」

旦是個天生有主見的女孩；樹在我們的培養下，他也越來越清楚自己要什麼。有意思的是，在兄妹互動中，兩人的主要訴求經常不一樣。

說個小故事：

旦一歲八個月的時候，她找到一包彈珠，她很興奮，拿來找我。「旦旦有想要玩彈珠嗎？」我問。「有。」小女孩回答。於是我打開彈珠，找到個鐵罐，讓她搖晃它們發出聲響！

一旁畫圖的樹被吸引了：「哥哥也要玩。」於是他瞬間拿走旦手上的彈珠罐，開始細心地將它們分成兩堆：「我們一人一半。」旦開始大哭，即使樹的分法從五、四（樹私心分五顆給自己）變成四、五，接著樹多分給旦一顆。（後來我又找到一顆小彈珠，交給樹，變成五五對分。）無論如何，旦還是繼續哭。

我猜懂旦的需求，於是找到另一包超級大彈珠（直徑至少五公分）拿給樹說：「拿去，分一半給旦旦。」旦拿到哥哥給的一顆新彈珠，破涕為笑，開始快樂起來。

樹開始不快樂了，「怎麼辦？有三顆，我不知怎麼公平？」我笑說：「那媽媽一顆，你一顆，旦旦一顆。」「耶。」能公平地均分，然後一起遊戲，對樹而言，彷彿比擁有彈珠更珍貴。我們三人開始用超級大彈珠在地上玩「彈珠撞彈珠遊戲」，旦也玩得很好，好玩到連在一旁上網的展爸都過來參一腳。

「怎麼辦？爸爸沒有彈珠耶。」樹又傷腦筋了！

有意思的是，許久以來，旦已經學會找自己的玩具玩，大部分不去搶哥哥手上的玩具。反倒是樹經常放下手上的玩具，要加入旦的遊戲局。對樹而言，「哥哥一起玩」的舉動，是分享。對旦而言，「哥哥過來玩」則是「強奪」。

樹重視的是，人與人之間的互動與分享；旦重視的是，我能維護自己的主權。所以讓樹傷腦筋的是，「如何分得公平」。讓旦破涕為笑的，是「哥哥主動將手上的大彈珠分給她」（她覺得被愛）。這與個性有關，也許與發展期有關。樹哥哥的體能、智力發展都走在妹妹前面，他在意的是有人陪伴。旦妹妹還在確認自我界限，對她而言，尊重比什麼都重要。也因為這樣，樹哥哥很會陪妹妹玩，他跟妹妹說話的口氣，如同媽媽的翻版。

「旦，哥哥陪你玩跌倒好不好？」然後他開始快樂地唱：「城門城門雞蛋高……走到城門滑一跤！」兄妹倆紛紛跌落在彈簧床，摔個四腳朝天，笑得哈哈哈！

一下子，旦的心意變了，停下來不跟隨，樹立即敏感到：「旦旦，你不要玩了是嗎？」「好啊，你不要玩沒關係。」「那我們來玩……跑，好不好？」樹對旦的同理心與耐心極好，兩人開始一前一後玩起追逐遊戲。

妹妹能回報哥哥的是什麼？就是她全心的跟隨與信任，還有可愛的超級大笑臉。哥哥覺得有妹妹幸福極了，接著他說：「我有哥哥嗎？」「不是表哥啦！是每天都可以玩在一起的哥哥。」

他們能玩在一起了，於是我和展開始有兩人時間。一雙兄妹，父母納涼，原來是這樣的感覺呀！終於有熬出頭的感覺。

P.S.：

我認為，兄妹關係最近有這麼好的轉折，是因為樹開始敢表達：「我也要媽媽抱抱」。某次，我帶樹去台北看中醫。回程的路上，我問：「你有羨慕妹妹，可以黏在媽媽身上嗎？」

他說：「會啊，不過我現在會搶媽媽了！沒關係。」

那是自從某次，我讀到他帶著羨慕又退縮的眼光，看著旦黏媽媽，那當下，我不顧一切困難，堅持樹可以來搶媽媽的位置以後，樹學會了直接，旦學會了輪流或找爸爸。

四人關係就平衡多了。

EQ三故事

在工作的大桌子前，我站起來卡到電線，大聲說：「ㄠ嗚！」樹問：「你剛剛怎麼了啊？」我解釋說電腦差點掉下去嚇一跳云云。小人兒鎮靜的說：「你可以學爸爸說shit啊！」

三歲八個月，樹有好多段可愛又好笑的小事情，這反映了孩子與父母的連結，以及EQ的養育過程。

故事一：媽媽我尿在褲子裡了！

自從樹取回尿尿自主權之後，無論是白天半夜，要不要尿，都是由他主動說起，我盡量不要沒事問他。晚上，他大喊：「我要尿一下尿！」於是我急急陪他走到浴室，進了浴室他又逃跑，笑著跑到外面……然後說：「我尿在褲子裡了。」

我大聲驚呼：「真的啊！」就是那種情緒容易被騷擾的認真女生模樣。然後小人兒很開心，很輕鬆。

於是我明白他在開玩笑，孩子因為我反應激烈覺得這樣鬧我好玩。即使這樣，我還是止不住驚呼。一旁的老爸慢條斯理的說：「你不理他不就好了。」而我知道，所以回答：「就是有我這樣的媽，孩子才會這麼可愛。」

故事二：你可以學爸爸說shit啊！

在工作的大桌子前，我站起來卡到電線，大聲說：「ㄠ嗚！」一會兒，正在吃果凍的樹問：「你剛剛怎麼了啊？」我解釋說電腦差點掉下去嚇一跳云云。小人兒鎮靜的說：「你可以學爸爸說shit啊！」

我……*%$@#？！……

叫了他爸爸來聽，兩人笑翻了。

故事三：媽媽你好棒！

母子倆睡前在床上玩不睡覺的遊戲，樹拿著英文字母排著BINGO。收玩具時他大喊：「I呢？I不見了。」找啊找很久沒找著。後來我找到了拿給他，他看著我面帶鼓勵的表情說：「媽媽你好棒喔！」看他一臉認真超級像我的樣子，我又笑翻了。

仔細想想，這其實就是孩子的EQ。日常生活裡吸收人際互動裡的語意、語式以及模式。想想，展呼「shit」一週也不超過一次，怎麼樹學到了那樣的情境與情緒，是用這表達的。而他就是知道大喊尿在褲子裡會惹我驚呼，會很好玩。精準地，他還學會我鼓勵他的神情，然後回用在我身上。

樹不是特別的孩子，每個孩子都這麼靈敏而學習力驚人，我這麼深深相信著。

我的選擇掉了

「樹，那可不可以請你也幫媽媽倒杯水？」大肚子要從地板站起來，總是多些懶意的我說。

樹很直接：「媽媽，這杯是我的水；你的水你自己倒。」

兒子三歲半的某個晚上，我們兩個跑去買滷味，回家大快朵頤。

「樹，去倒杯水給自己，這樣吃起來比較舒服。」孩子端水回來，我發現自己也想喝水，「樹，那可不可以請你也幫媽媽倒杯水？」大肚子要從地板站起來，總是多些懶意的我說。

樹很直接：「媽媽，這杯是我的水；你的水你自己倒。」「嗚？為什麼呢？」心情超好的我非常接納，就是單純的好奇。

「因為我的選擇最近掉了，都變成你的選擇了。」

孩子自有他的表達形式。我問了他選擇何時如何掉了之類的問句，孩子說的我也不甚明瞭，許多想像在其中。但我抓到的重點是：「這孩子有更多的自主需求。」於是我說：「喔，媽媽懂了，你的選擇掉了，所以暫時不聽我的選擇是嗎？」孩子點點頭。很開心的表情。我再說：「沒關係，那我們來找回你的選擇，好嗎？」

於是我開始問：「來，你要選擇吃豆腐？還是小香腸？」

「豆腐好大塊，你要一口一塊，還是半塊？」……光吃個滷味，就可以有無數個選擇。我試著使用語言讓樹意識到，每一分秒，他都正在選擇。即使我建議他一口吃半塊就好（我大嘴巴都一塊分成四口的），他還是很興奮地說要一口一塊，塞得滿嘴都是。

「在每個小地方，都給孩子選擇」是好友心理師士恆在陪小孩個案時，給孩子「empowerment」（賦權使能）的絕招。

到了睡覺前，樹跟我說：「媽媽，我的選擇回來了。」

他比著手勢，手指向胸口：「像火箭一樣，飛回我的胸口了。」我聽了很興奮，吵醒快睡著的展。

他咕嚕了一聲，「那他會不會倒水給你喝？」（顯然他不太相信我們的童言童語。）

第二天早上，吃地瓜時……「樹，去倒杯水給自己。」

樹端著水慢慢走過來……「媽媽，這杯是我的，你要不要喝水？我倒給你。」

孩子遠遠的，在飲水機前繼續問我：「媽媽，那我給你我漱口用的杯子好不好？」

「很滿喔，你喜不喜歡？還是要半杯就好？」

原來孩子不僅找回了自己的選擇，他也找回了對我的尊重，他聆聽且尊重我的選擇呢！

可以說不，可以感到有所選擇，這樣有主體性的孩子，給出的體貼才沒有委屈。

教孩子溫柔

「媽媽，你拉肚子會不會不舒服啊？」
「媽媽，慢慢來沒關係，我會陪你。」

樹生病了，腸胃發炎，三天內肚子拉了幾十次，圓圓的臉瘦成小瓜子臉。而我和展卻是有史以來工作最忙的一週，還得加上洗髒褲子，學著在三十秒內抱他衝進廁所坐上馬桶，或是開車在路上隨時找到廁所。

神奇的是：便便讓母子的關係變親密了，一天裡有好多次，母子倆在馬桶上對坐聊天。

終於我也拉肚子了。蹲馬桶時，樹跑來陪我，坐在平日我坐的小椅子上。

「媽媽，那你今天去工作的時候玩什麼？」（這是平日我與他聊天的開場。）

「媽媽，你便出來了嗎？」

「媽媽，你要不要趴在我的腿上啊？」（平日如廁時，他會趴在我腿上。）

「媽媽，你拉肚子會不會不舒服啊？」

「媽媽，慢慢來沒關係，我會陪你。」

忽然覺得被愛環繞，原來平日我給他的是這等感覺。這是快三歲的男孩給媽媽的溫柔。

隔天開車的時候。樹問：「媽媽你的眼鏡呢？」（平時我不戴眼鏡，只有開車時偶爾戴。）我問：「你喜歡看我戴眼鏡是不是？我戴眼鏡時漂亮嗎？」樹：「漂亮。」

小女人的我又問：「那我不戴眼鏡時漂亮嗎？」樹（想了很久，賊賊的笑）：「不漂亮。」媽媽（哈哈大笑）：「樹，你要說：『媽媽你戴眼鏡時很漂亮，不戴眼鏡也很漂亮；可是我現在喜歡看你戴眼鏡。』」樹：「媽媽你戴眼鏡時很漂亮，不戴眼鏡也很……可愛；可是我現在喜歡看你戴眼鏡。」於是媽媽把眼鏡戴上，樹非常害羞而開心的笑。

溫柔，其實是這樣教出來的。

你胖

在雨天的松園別館，面對著大海的走廊下，樹開心地笑著，面對著我說：「你胖。」「你胖。」「你胖。」

懷孕六個月時，一家人到花蓮旅行。松園別館是當年日本行館改建的人文咖啡園區，裡面有參天的松樹，古老木頭味的房舍，在山丘上，可眺望大海。是我們到花蓮時日日拜訪的休憩處。

在雨天的松園別館，面對著大海的走廊下，樹開心地笑著，面對著我說：「你胖。」「你胖。」「你胖。」（他每說一句，就開心地笑一次。那笑容裡，有種撈過界可以和媽媽親一程的頑皮。）

還滿在乎身材的我，有些懊惱，笑著提醒他要說：「說『你肚子大』，說『胖』，媽媽會不喜歡的。」

孩子依舊開心地玩著，不是嘲弄，也沒有欺負的心，只是因為我的反應讓他覺得有力量感。（發現一句對媽媽有影響力的話）於是他愛重複地玩。「你胖。」「你胖。」「你胖。」

面對著腰圍大了至少二十公分的自己，臉也顯得圓圓，四肢也比原來粗壯……走起路來緩慢，聽著孩子這樣說，覺得孕婦的沈重被拿來玩，心裡真的不喜歡。於是，我抱著他望著遠方，慢慢說：

「樹住在媽媽肚子裡的時候，媽媽肚子也是這麼大，也變得比較胖喔！」

「你知道小baby住在媽媽肚子裡，要吃什麼嗎？」「小baby吃的就是媽媽身體給的養分啊，所以媽媽吃東西都要多吃一些。媽媽吃一口扁食，小baby也跟著吃一口喔！」孩子聽得入神，我繼續說：「你知道小時候的樹，從哪兒跟著媽媽吃東西嗎？」

我翻開他肚子摸著小肚臍，告訴他臍帶的故事……小人兒聽得津津有味，於是我說：「我不喜歡你說我胖，你可以說我肚子大。這麼大的肚子，就是你長出來的家。」

「而且，我不喜歡你這樣說我。心情不好的媽媽，會一陣子不陪你玩喔。」小人兒摸摸肚臍一溜煙笑著跑掉，奔跑的腳步聲在松園別館的長廊裡處處迴響。

不到兩分鐘，遠方傳來樹的哭聲，還有一聲聲「媽媽」。

我找啊找，在右轉兩回的走廊盡頭找到他，他哭著跑過來：「我迷路了。」小人兒哭倒在我的膝蓋上，我抱著他輕聲安慰：「是不是迷路怕怕？叫了好多聲媽媽還沒來就很無助？」然後我幫他做點能量按摩，散除驚嚇能量。母子倆手牽手到咖啡屋找爸爸。

嘀咕地跟爸爸說了樹的迷路驚魂記，兩個大人拿起筆畫起松園別館的平面圖，還畫了台灣、新竹與花蓮的點當作參照。

教樹認路，告訴他方才發生什麼事，然後**展爸帶著孩子的手，沿著地圖重走一次。**

孩子帶著信心回來，告訴我他不怕迷路了。我又跟展爸說起孩子笑我「你胖」的趣事。

樹認真笑著看我：「你肚子大。」我信任他不會再用「你胖」來跟我玩，因為他深刻體驗到相愛的感覺，帶著溫柔。

來了，一陣風，顏色飛起來了

記得第一次兩人平分畫紙時，樹還想到我的紙上塗鴉。我說：「這是媽媽的，樹畫自己的紙。」

兩歲半，樹畫了一幅畫：好多斑斕的顏色，被水暈開的水蠟筆，顯得輕盈夢幻。他說這個叫做：「好多好多顏色一起玩。」最後我幫他加上一個小鼓：「讓小鼓一起跟著玩。」

樹六個月趴在地上時，就開始畫畫了。最早他學會把不同顏色的彩色筆放回盒子裡——我放，他壓一下，筆就卡進去；我會說顏色的故事給他聽：「喔，紅色回家了，喀答（筆壓下去盒子的聲音），藍色也回家了，喀答……」

後來他開始拿很粗的筆，亂畫……亂畫……亂畫了好久好久。會說話以後，他會說：「好多好多點。」「好長的線。」「黃色走很遠很遠，轉彎……」

買了水蠟筆之後，我們會在紙上畫好一堆亂亂的顏色，然後用水彩筆沾水渲染顏色，他會說：「來了一陣風，藍色被吹走了。」（水把藍色渲染開來）他的畫風開始充滿水的味道。

最近我把一整張紙讓給他，也享受自己的單獨畫紙。

記得第一次兩人平分畫紙時，他還想到我的紙上塗鴉。我說：「這是媽媽的，樹畫自己的紙。」只是，每次畫完，我會邀請他在我的紙上畫幾筆，而我也會在他的紙上畫個小東西。

於是就有了這張畫：「小鼓跟好多顏色一起玩！」

從小愛畫畫、愛看書的我，卻到當媽媽以後，才很專心的畫畫；以前都沒耐心，畫一兩下就跑走，也許看書去。小時候美術課經常第一個交卷，因為交了後就可以自由看書。

我最近畫畫很專注，樹專注的時間也拉長了；他不再畫一筆就要問我：「媽媽你覺得我畫的是什麼？」他現在會畫完一整張紙，然後告訴我：「我今天畫的是……」聽小人兒給自己的畫取名字，真是很幸福的甜甜時刻。

小人兒很有自己的主張，有一回我忍不住要勸他多畫幾個顏色，他堅持說：

「這樣就夠了。」

開始認真畫畫的我經常會對著世界發呆，因為眼睛會看到萬事萬物的輪廓，想像它們落在紙上的樣貌。小人兒畫的則一律是抽象的精神世界，每日他都有喜歡的色彩與韻律。

動人的時刻則是兩人趴在地上畫畫時，那份一起工作的專注與交流。

來了一陣風……紫色飛起來了。

爸爸，你愛我嗎？

小人兒跑來跟我說：「樹怕怕爸爸。」

「咦？怕什麼？怕爸爸電腦？怕爸爸不理你？怕爸爸現在不像爸爸？」我幫他澄清。

讀了繪本《爸爸，你愛我嗎？》，兩歲五個月的小人兒開始會問這問題：「爸爸，你愛我嗎？」

第一次問是當著爸爸與阿公面前問。羞紅的展爸在嚴肅的公公面前一直是正經八百的，他左閃右閃躲避樹的詢問。樹則一路追問，從婆家的二樓追上四樓，直到遠離父親了，在我面前，展才大聲的說：「愛呵，爸爸愛樹。」不知樓下的公公會怎麼想？不知若展也如樹這般天真詢問他老爸，公公是否也會閃爍其詞？

我順著這波愛的能量，也大聲大聲跟樹說：「樹，媽媽很愛你。」之後，我反問小人兒：「那，你愛媽媽嗎？」小人兒本能地害羞，笑笑，逃開了。

我問第二次，他忽然正經地挺直背脊，想了好久，眼睛深邃，然後正色看著我說：「樹愛媽媽。」原來小人兒爽直的部分像我，害羞的部分則像他爸。原來愛這主題，小人兒懂，也許比我還懂。

這樣相愛的三人，每天總要分開。分開與想念反而讓我心安，安了怕太幸福被天妒的無常心。

有時分開前，我會焦慮地問：「樹愛媽媽嗎？」「不愛。」小人兒大聲地說。真要有好大的自信才能在這時候笑。

我笑了，說：「好，樹現在不愛媽媽。」於是，到了婆家後，樹很輕易地說：「媽媽去工作上班，阿嬤照顧樹。」「樹在阿嬤家工作，媽媽六點半再來接我。」

我珍惜孩子有說不愛媽媽的時刻，也珍惜自己每日有不當媽媽的時分。

晚上，展迷失在網路裡，人在家卻跟人不在一樣。「我人紅ㄇせ，在MSN上還被一堆人堵到。」他還開玩笑志得意滿地說。看他一邊講手機，螢幕上還開三個視窗。樹嘗試找爸爸說話好多次，爸爸都沒啥回應。

這時候小人兒跑來跟我說：「樹怕怕爸爸。」

「咦？怕什麼？怕爸爸電腦？怕爸爸不理你？怕爸爸現在不像爸爸？」我幫他澄清。

「怕爸爸不理我。」小人兒肯定表達出來之後，撒嬌地賴在我身上。

「去跟爸爸說，說樹怕爸爸不理我。」當媽的我鼓勵兒子去表達。

誰知，小人兒雷霆萬鈞地走去，卻用軟軟亮亮的童音大聲問：「爸爸，你愛我嗎？」

一下子，爸爸回魂、網路電話立即斷線。我則笑壞了，這孩子，真的讓人疼。

「爸爸，你愛我嗎？」「爸爸，你愛我嗎？」這問，把愛都聯繫了起來。

CH3
澄明與信任

澄明與信任寫的是，我的親職思考。
每個故事，都有我的省思或者觀點。
與讀者分享。

幸福的兩種樣貌

我問樹：「這個人幸福嗎？」樹說：「幸福。」

「咦？為什麼？他死得好快。」我好奇。

樹說：「他只有後來兩年不幸福，前面三十年都是幸福的。」

兒與我，經常對話。而我，常常談很嚴肅的話題。二〇〇六年十二月二十七的這天，我們談「什麼是幸福？」

且與爸爸出門逛大街去了，樹和倆用水果香氣的熱水泡澡，紅莓的顏色，豔麗。起因是，我要他自己脫衣服，他愛學不學的，他說：「你幫我，我才幸福啊。」

於是，我說了個瞎掰故事：一個什麼都被父母照顧得好好的孩子，到了可以自己吃飯時，他還想被人餵，父母說：「沒關係，我們可以繼續餵你。」到了可以自己洗澡了，他還不想自己洗，父母說：「沒關係，我們可以花錢請人繼續照顧你……」

故事說到這個人長到三十歲，父母死去了。他兩年內，把父母留下的錢花光，沒人照顧他，他不會自己吃東西，甚至連拿東西到嘴巴都懶，於是就餓死了。

我問樹：「這個人幸福嗎？」樹說：「幸福。」

「咦？為什麼？他死得好快。」我好奇。樹說：「他只有後來兩年不幸福，前面三十年都是幸福的。」

樹這孩子，他在學校，什麼都自己來：自己吃飯，擦屁股，摺被子……在家裡，他喜歡賴著，每回，我要他穿脫衣服，他總露出一種「勉強」的表情，他心裡極珍惜，能被我們愛著。然而，他對愛，有些會失去力量的認知。

我說：「媽媽對幸福的看法，和你不一樣。」媽媽認為，幸福就是，「到了可以自己來的時候，就學會了。」可以自己走路，就學會走路了，是幸福！可以自己說話，就會說話了，是幸福！可以自己吃飯就學會了，是幸福！可以自己脫衣服就學會了，是幸福！可以自己按電梯……可以自己敲蛋到鍋子……可以自己搓湯圓……可以自己喝湯……都是幸福……

媽媽十八歲就開始賺錢給自己花，覺得好自由，自由是一種有力量的幸福；媽媽三十二歲時錢比較少，外婆給我零用錢，我覺得好甜蜜，甜蜜是黏人的幸福。如果我三十二歲，很健康卻沒有去賺錢，什麼都要外婆照顧，我應該會覺得沒力量，麻木與生氣。

你知道嗎？

一歲多，當你可以不用吃奶嘴，媽媽高興，心點點頭。

一歲多，當你會自己上大號，媽媽高興，心點點頭。

一歲多，當你半夜尿急會說；你從此不用尿布……媽媽高興，心點點頭，地球鬆了一口氣。

「為什麼地球鬆了一口氣？」樹好奇。「因為尿布對地球不好，地球不舒服。」

你知道嗎？

三歲，你可以自己吃飯，你賴著要我餵，我說沒關係，我的心嘆一口氣「唉……」

四歲，你可以自己洗澡，你不喜歡，我繼續幫你洗……我跟自己說要有耐心，心也嘆了一口氣「唉……」

樹問：「是長得高還是長得矮的人會早死？」

這跳躍式的問話，讓我明白，他一直是，好喜歡當我們的小孩，好喜歡我們陪伴，好害怕我們早死。

他問：「如果你們死了，誰照顧我？」於是我們討論了，親族以及社會福利系統，在各種困難下，孩子可以得到的照顧。懂了所有無常的後路之後，他看我：「媽媽，我喜歡你。」

泡澡完，爸爸和旦回來，爸爸拿衣服給樹自己穿。他很開心，很快地穿好衣服，他說：「我一下子就穿好了。」我心裡，微笑。（這是他第一次，如此快速而愉快地，照顧自己。）

晚上，睡前，他要我幫他走出房間撕掉一張紙，我請他自己做。（平時他怕黑，不敢走出房間。）他很快撕完紙回來，我問：「有感覺到幸福嗎？」他說：「沒有。」

呵呵……下回，我會問他：「有跟自己的力量在一起嗎？」獨立，是展現力量的方式。能獨立，相較於被照顧，是另一種幸福。

哎喲與真好

這故事讓樹很著迷，他每天都要求我說；每天，我都添加一些新的情節。

樹常常說哎喲，不是那種驚訝的輕盈嬌嗔，而是下沈的抱怨語調。說哎喲是他執著面相的呈現，比方說，他玩得很開心，我們要他上床睡覺了，他會說：「哎喲，今天都還沒玩到。」他的哎喲讓我一愣：「你晚上玩得可多呢！」我得將自己擠扁，才能順應他的眼光，同意他執著的主觀。

這哎喲尤其讓展心情起毛；有次洗澡時，樹連續說了幾個哎喲，類似不想洗頭之類的抱怨。忽然間，展爸像獅子吼一樣的「哎喲」嚇壞了我們，讓樹閉嘴。展說：「你說哎喲，我也可以說啊。」

就在隔天洗澡時，我說了個故事給樹聽：

從前有個農夫，他有一對雙胞胎，哥哥的名字是「真好」，弟弟的名字是「哎喲」。因為，遇到事情，哥哥都會說「真好」，弟弟都會說「哎喲」。

有一次，農夫對孩子們說：「孩子啊，因為今年雨下得太少，所以收成不夠。今年冬天，為了節約糧食，我們每天只能吃一餐了。只要我們捱過冬天，春天來臨，又有收成了。」這時，哥哥說：「真好，我們可以捱過這冬天呢！」弟弟說：「哎喲，肚子餓會很難過耶！」

終於，冬天過去，春天來臨，兄弟倆在草地上放風箏。這時候，天空忽然來了許多烏雲，眼看天就要下雨了。哥哥看到了，很高興跑回家，大聲喊著：「真好真好，爸爸，要下雨了，田地可以長東西了。」弟弟看了低頭走回家：「哎喲，我都不能放風箏了，為什麼要這時候下雨呢！」

春天夏天，農夫種了好多東西，哥哥弟弟也都來幫忙。有一天，媽媽說：「孩子們，我的肚子裡現在有個小baby喔！以後，我不能提很多重的東西，你們兩個要多多幫忙爸爸。」哥哥說：「真好，我們會有個小弟弟或妹妹了喔！」弟弟說：「哎喲，那我力氣不夠幫忙怎麼辦？」

媽媽生出了個小妹妹，這個妹妹一歲半就會說話了，她開口的第一句話不是媽媽，也不是爸爸或哥哥，而是「哎喲，真好」。原來她住在媽媽肚子的時候，聽到最多的聲音就是哎喲和真好。可是因為媽媽肚子的羊水隔音滿好的，妹妹說出來的哎喲，是那種驚訝的哎喲，輕盈上揚的語調。

那一天，農夫爸爸帶回來兩顆糖果，媽媽說：「兩顆糖果，你們三人怎麼分呢？」哥哥說：「真好，我最喜歡吃糖果了。」弟弟說：「哎喲（下沈語調），怎麼不是三顆呢？」妹妹說：「哎喲（上揚語調），有糖果耶！真好，你們咬一小口給我就好了。」

這故事讓樹很著迷，他每天都要求我說；每天，我都添加一些新的情節，樹開始跟著猜測，哥哥弟弟妹妹會怎麼說。有一次，我說：「樹，明天早上，我要請你去上學，因為明天媽媽要工作喔！」（平時，週一早上樹是不上學的。）

他說：「哎喲，我想要下午才去。」我就說：「真好，你再上課五天，就要放九天過年假喔！」接著，我與展討論，週一如何如何的計畫，樹插嘴說：「我也有個計畫，那就是早上我去上學的時候……」

我們倆很驚喜，他沒有困在自己的哎喲，而進入一個想辦法的力量裡。

這故事在我們家，產生了一些神奇的影響。故事裡，我強調沒有區分，我說：

「農夫爸爸和媽媽，很愛這兩個孩子，無論是哥哥的真好，或弟弟的哎喲。」

有時候，農夫心情不好時，他會比較喜歡聽見哥哥說話，因為哥哥說話讓他心情變輕鬆。但每個時刻，農夫喜歡同時看到兩個兒子。農夫從弟弟的哎喲學到，孩子最想要的是什麼。農夫媽媽喜歡跟哥哥一起唱歌，會認真抱抱說哎喲的弟弟。無論是哥哥或弟弟或妹妹，農夫爸爸與媽媽都一樣喜歡。

我說，這故事的精神是「覺察與彈性」，而沒有強調真好比哎喲好。

這故事，讓樹在說哎喲時，有自我覺知。而他會轉而問：「真好的哥哥會怎麼說？」「哎喲真好的妹妹會怎麼說？」他甚至說：「我會從哎喲，變成哇塞，再變成真好。」

這故事，讓我們家，有人說哎喲時，變得輕盈起來。

早上，樹上學前說：「哎喲，今天不能玩具分享。」（週三是樹班級的玩具分享日，小朋友可以帶自己喜歡的玩具到學校，早上跟同學介紹玩具如何玩；下午則交換玩，玩具分享的週三，一直是樹最喜歡的學校日。）

我說：「真好，你活著。」樹愣了一下：「我不是本來就活著嗎？」

我深呼吸，看著他：「真好，我也活著。」

樹眼珠子轉了轉：「活著不是很自然嗎？」

我說：「每天，都有很多人死掉；每天，都有很多人發現自己得癌症。」「所以，發現我們今天活著，要說：『真好。』」我說：「謝謝老天爺和地球媽媽，今天我們全家人活得健康，在一起。」

樹說：「如果下禮拜沒有玩具分享，以後就都沒有玩具分享了。」我說：「是的，下禮拜你們沒有玩具分享，因為放假！」樹：「喔！耶，對了，我們放假九天。」我說：「等回到學校，你們又有玩具分享啦！媽媽相信。」樹說：「今天要大掃除。」「所以你們一起把教室掃得亮晶晶。」我補充。

樹看了手上的樂高汽車說：「真好，這輛車我這麼快就做好了。」孩子找到自己可以真心說的「真好」。「原來你很想去分享這輛車啊！」我忽然能同理他的心情。

昨夜，樹花了一個半小時組裝了樂高汽車。玩了好久，要睡覺了，他還愛不釋手，他將車子帶到床上，早上一睜眼就立刻翻身找它。對車子的愛與驕傲，是他無法玩具分享背後的失落吧！

樹是個專心的孩子，他一開始組樂高，就全神貫注，全力以赴。他在客房床上做樂高，做完的那一瞬間，他說：「真好，我可以下床了。」那是一包兩百零六片的樂高，工作遇到挫折時，他大哭。哭了好久，邊哭邊問爸爸說：「怎麼樣想辦法？」那樣的哭，聽起來有失落與傷心，沒有抱怨。

等他解決完難題離去後，我與展相視而笑，「已經可以預見，他以後作業寫不出來，也要這樣哭了。」我說。（也許事情會很不一樣也說不定，我在心裡想。）

後來，他一個人在房間組樂高，我聽見各種不同的歡呼聲：「Yea！」「啊……」的尖叫聲，被日耳濡目染了。唱歌。嘰哩咕嚕自言自語聲。他一路歡欣鼓舞地，表達他對順利前進的開懷與狂喜。

原來他不是愛哭，只是真情流露啊，我忽然更懂自己的兒子。

回憶他的哭聲，背後展現了他的脆弱。聆聽他的笑聲，展現他的敞開與狂喜。

我們這些學會堅強的大人，也就忘了如何歡樂。

如果不是能脆弱，何以能因小事就狂喜？

〈真好與哎喲〉的故事，每天都要應樹的要求繼續往前說。前日睡前我說道：「哥哥和弟弟上學了，學校本來預定要去旅行三天的，但因為天氣不好，玩了兩天就回來。」哥哥好喜歡出去玩，他一下子沒辦法說真好，他哭說：「好想再玩一天喔！」弟弟也忘了說哎喲，他說：「哥哥，我的心情跟你一樣。」妹妹在旁邊說：「哎喲，你們提早回來了；真好，我喜歡你們。」

哥哥說：「唉呦，回到家看到你真好。」弟弟說：「真好，我們又全部在一起了。」說到這裡我已經意識模糊了，只記得展好驚訝，當哥哥無法說真好，弟弟忘記說哎喲的時候。

哎喲，也是真好的一個面向，無法脆弱，也不易狂喜。樹是個真情流露的孩子，同時也是個無法度量的孩子，他會受傷也容易療癒，他既執著固執也很彈性開放。

昨夜，他做樂高時，嘴裡喃喃唸著一堆DVD影片的對白：「離婚的祕訣就是……」《隔壁的山田君》（註1），「如果我的媽媽能像她那麼漂亮就好……」《小蜜蜂》。

我搖頭說：「真該讓你多看看書，別看太多電視。」他說：「可是我很喜歡看電視呢！」我說：「愛看書的小孩，長大後快樂的機率多很多。」他爽快地說：「好啊，那我就聽你的。」

這是他的彈性開放，當我成為一個開放接納的母親時。

孩子成長的過程裡，會出現許多我們不愛的人格面向，當父母的得相信，「所有人格的面向都是暫時的，只要父母不過度反應。」父母的過度反應，常會讓孩子的人格變成一種模式，成為無法彈性的一部分。重點不是「要養出什麼孩子」，而是「教會孩子覺知自我，支持孩子彈性開放」。

我喜歡孩子是個說「真好」的孩子，我期許自己，在孩子說「哎喲」時，也能放鬆與平靜敞開，輕鬆地讓抱怨的能量流過。

註1：《隔壁的山田君》：吉卜力工作室出版的卡通。

孩子，你輕鬆的哭

八歲的姪子踢傷腳，大拇趾的指甲整個掀了開來。

一群大人試著幫他，我說故事想分散他的注意力，他的父親則大聲說：

「男孩子不要哭，忍著就好了。」

樹六個多月，在家族聚會時，八歲的姪子踢傷腳，大拇趾的指甲整個掀了開來，姪子忍著痛咬著牙，眼淚在眼眶裡打轉。

一群大人試著幫他，我說故事想分散他的注意力，他的父親則大聲說：「男孩子不要哭，忍著就好了。」後來是妹妹伶俐，說起下午聽說姪子與三個表兄弟打鬥，以一敵三的英勇，姪子聽著聽著，臉上痛苦的肌肉才鬆弛下來。

回顧這段家族插曲，打開自己的日記，我看到自己是這般自由地允諾孩子哭泣：

樹四個月（二〇〇二年八月十日）

晚上八點多，熟睡的樹被吵醒，是我不小心把奶瓶掉在地板上，叩叩好大聲，樹也哭得很大聲。於是，展和我分別在他身邊看著他，很關切跟他說明發生什麼事：「是奶瓶的聲音，沒事，現在撿起來了。」同時又覺得他哭得很可愛，兩人不禁想笑，很欣賞地看著他哭。

哭的樣子是兩嘴角向下扯，哭聲裡還唸唸有詞，感覺像在抱怨，抱怨這媽媽不小心。展看著他良久，說：「想起小時候哭的感覺了。好像大人太緊張，媽媽急著要『惜惜』；爸爸又什麼都沒做……這兩個極端都讓年幼的我不知所措，很快就學會不要哭。」

嗯——讓四個月的樹能在父母關切陪伴下盡情哭，這是我們對他的一種允許。

我們喜歡他笑，也允許他哭。相信無論笑或哭都是孩子對世界的反應，而孩子的輕鬆也在於他能用本然的方式去反應這世界，無須為了大人而止住哭泣，或為了回應大人而笑。

記得有次去一家餐廳吃飯，有個化濃妝的中年婦女拚了命要逗兒子笑，樹有些無助地向我靠攏，臉上又不由得對她笑。做母親的我解讀這孩子是：「他自然模仿成人的笑，但他其實還不夠有安全感在這裡開放心靈，所以需要我的保護。」於是我岔開話題，詢問那婦女關於menu的細節，當她注意力移開，樹才放鬆下來。

孩子啊，媽媽能為你做的就是，允許你想哭時可以哭，不想笑時也無須笑。情緒的能量是身體對世界自然回應的舞蹈，而舞動是為了心裡自然的需要，不是為了大人的需要而不哭或笑。孩子啊，即使你長大了，變成大男孩了，媽媽也會如今天一樣，能欣賞你脆弱時哭泣的樣子。

在我們家，哭泣是被允許的；不只是允許，而是溫柔相向。每當樹哭的時候，抱著他時我們會說：「哭哭沒關係！」某天中午幫他洗澡前，一不小心，他從高約二十五公分的沙發上隨著毛巾被滾落地上的軟墊。當我抱起他時，我難掩心裡的歉意與驚慌，於是，增強了他的驚擾！他開始哭起來，哭啊哭，哭了好久。

我們抱著他，確認他身體完好無傷後，就是給他柔軟的懷抱，跟他輕聲說：「跌倒了，嚇到了喔！沒關係，現在好了，你被媽媽抱著了。沒事了。想哭沒關係，媽媽會陪著你的。」這場哭哭了約十分鐘，大概是他出生以來哭最久的一次。後來睡著了，輕輕的睡在小床上，臉上滿是淚痕。

我們很高興他哭得夠久，在他哭的時候，他能調理被驚擾的能量場，他能表達心裡的不順遂。那天下午，在他午睡時，有一兩次哇的哭，睡得不是很安穩。這在我娘家的傳統叫做「受驚」，是要收驚的。

於是我抱起了他，讓我們倆胸口相向，我做了回到中心的冥想，用很深的呼吸陪伴，輕輕的說：「樹啊，有什麼害怕就哭出來，或者呼吸出來，用身體出來。把害怕交給媽媽……把害怕交給媽媽……」當我柔軟而專心地呼吸時，也算是一種收驚吧！之後幾天，就再也沒有被驚擾的睡眠，睡得深深順順的。

而當時靈機一動的「把害怕交給媽媽」，就成了我們睡前懷抱的習慣，「樹今天有沒有不開心？如果有就把不開心交給媽媽！有沒有害怕？如果還留著害怕，也把害怕交給媽媽。」

許久許久，那天的經驗常在心裡浮沈，一定有什麼新觀念要形成……是的，如同做心理治療一樣，哭不是重點；不處理哭，除非哭的本身開始帶來負向影響。我們透過悲傷的缺口進入生命的本質，哭泣是一道門，讓我們得以接觸內在，碰觸心靈，擁抱曾受傷的心。

哭不是重點，所以邊說「不哭，不哭」邊搖哄他，或餵奶，想要停止哭泣的行為，其實是一種干擾，干擾孩子與內在的心連結。**哭泣有時是一種需要，要被尊重與**

接納，要被處理的不是哭泣，而是裡面受傷的心。

而小嬰兒在這個階段，我選擇哭泣時安靜陪伴，讓他體驗情緒生命自然流動的過程。在陪伴時我試著了解他哭泣的源頭：餓了？累了睡不著？冷了？熱了？嚇到？抗議？或就只是撒嬌？一些被壓抑的宣洩？餓了就餵他吃奶，累了就安穩他讓他可睡，冷了添衣，熱了擦汗通風開冷氣，若是抗議就聆聽他。

這樣被陪伴的樹好快樂，他的快樂也給周圍大人許多快樂，快樂就在樹身邊生生不息。

智者奧修說：

「給他愛，但不給他框架；給他愛，但絕對不要塑造他的性格；給他愛，但是自由必須保持完整無缺……所以如果有時候他哭泣，也不必過度擔心，就讓他獨自哭泣吧！沒有必要總是急著陪伴他，那樣看起來好像是愛，但事實上干擾他的自由；也許他並不需要牛奶，有時候他只是單純地想哭，享受那個哭泣——那是他表達自己的唯一方式。他不笑——那就是他的表達方式；他又哭又喊，就讓他哭泣吧！這並沒有什麼不對，他正試著與世界聯繫，別想去安慰他，別一下子就想給他餵奶，倘若他不餓，喝奶水會像是在嗑藥一樣。」

支持孩子承擔痛苦，支持孩子享受歡樂，支持孩子面對生命的真相，支持孩子活得自由！

小褲褲底下？

「媽媽，你的裙子底下有沒有小褲褲啊？」

「那，你的小褲褲底下有沒有小雞雞？」

樹快要六歲時，忽然問我：「媽媽，記得你說過，如果男生和男生結婚，他們會生不出小孩，那他們如果想要當爸爸要怎麼辦？」

聽到兒子這一問，我想起大約四歲時，我跟他談過，男生女生結婚，男生男生或女生女生也可以結婚的事情……五歲時，透過繪本，他也了解到，是爸爸用小雞雞把種子放到媽媽的小妞妞裡，所以，媽媽的蛋蛋才會變成可以在肚子裡長大的小baby。

原來我是這樣教小孩的，真是有趣。以下是樹兩歲半的故事。

我們家的小男孩，開始對性別好奇起來。這一陣子，他問了許多好好玩的問題：

「媽媽，你的裙子底下有沒有小褲褲啊？」

「那，你的小褲褲底下有沒有小雞雞？」

「媽媽，你有『零』個小雞雞啊？我跟爸爸加起來有兩個小雞雞喔。」

「媽媽，那，我可以看你小妞妞長什麼樣子嗎？」

「男生可以穿裙子嗎？」

「女生可以這樣子站嗎？」他跨著馬步問我。

「樹比較喜歡女生。」

「你要生一個小baby，那你再生一個妹妹給我好不好？」

「女生也可以站著尿尿嗎？」當他去熟悉的餐廳，要求上廁所時，會自動走到男廁，然後說：「媽媽，女生的在隔壁，等一下我帶你去。」

我不是女性主義，但絕對是兩性平權論者，我通常回答：

「媽媽有零個小雞雞，有一個小妞妞，你和爸爸有一個小雞雞，有零個小妞妞。」

「男生也可以穿裙子啦！只不過很少人穿。男生比較常穿褲子。」

「男生也可以坐著尿尿啊，你爸爸在家就這樣。」

「男生也可以留長頭髮，不過阿祖會不習慣，然後別人會以為你是女生。」

「別人以為你是女生，會有點小麻煩，但不是什麼不好的事。」

樹在家，會跟爸爸打鼓、玩槍，跟媽媽畫畫、唱歌。會自己玩煮飯遊戲、吵著要學我穿圍裙，學爸爸煮咖啡。他跟我們一起喝日本抹茶，嗑瓜子，睡前看書。跟爸爸迷鬼太鼓、跟媽媽迷《神隱少女》、跟表弟迷The Wiggles（唱歌舞蹈的兒童DVD）。

每週五我演講後他會去文化中心騎腳踏車，每週超過三次，跟爸爸去打太鼓（遊樂場的一種電動玩具），他不愛吃肉、不愛吃魚……最近迷上吃香蕉、芙蓉豆腐。他喜歡白天，因為可以打鼓很大聲，沒有人在睡覺了。他喜歡晚上，因為晚上可以喝奶奶。他喜歡跟爸爸媽媽一起泡湯，然後一邊幫我們刷浴缸。他最近在練的新技能是丟球，已經迷上數數字一兩個月了。

在我們家長大的他，內在男生與內在女生，會平均地一起成熟吧！

養小孩是件神祕的快樂，它讓生活裡很小的瑣事，忽然變得珍貴起來。

叛逆與權力需求

樹沒什麼反應，他趴到我身上來。他的肢體在說話，他心的聲音我一下子聽見了。

「樹，你是不是不愛聽爸爸媽媽這樣討論你？你害怕我們不愛你？」

樹三歲四個月的某個晚上睡前，在床上，展爸坐起來對著孩子說：「樹，爸爸今天已經超過十次對你說：『你再這樣我要打你喔！』」「你知道你怎樣的時候，爸爸會生氣想要揍人嗎？」

「第一，你經常沒有說，就拿東西撞我。」

「第二，你做很多危險的動作，像是突然跑到馬路上。」

「第三，你叫我們，我們沒有回應時，你會一直大聲，越來越大聲。」

樹躺著聽，盯著爸爸看，眼睛明亮的閃著。

我問：「樹，你有聽到爸爸說什麼嗎？」孩子搖頭：「沒有，我沒聽到。」

我問：「是不是你聽到了，但是你不喜歡這樣，所以你就說沒聽到。」孩子點頭說：「對。」

聽到展在說話，看見他壓抑的怒氣，我仔細回想這陣子的他們兩人，心裡尋思小人兒最近單獨和我在一起的時候是怎樣的。想起他變得愛說反話，當我對他說不的時候他喜歡輕拍我，他的要求若沒得到大人立即回應，他會重複大聲叫喊……他愛爬高然後跳下來，他愛和我討價還價。

那大人兒（展）最近怎麼樣？大人兒最近活得很悶，他悶的時候是臭臭臉，一個人沈浸在內在思維裡難與外界接觸，這三天內有兩回我因為想要與他連結無用而挫折到傷心落淚。

我又問自己，這裡面有什麼我還沒看見的？我不禁這樣好奇著！

展爸的溝通無回應後，樹開始有些落寞，動作上卻更頑皮。動來動去想要找我玩，由於我正在與展討論孩子沒回應他，樹用他的大頭猛力撞我懷孕的身體。「喔，好痛。」我反射動作拍他頭的側邊一記「ㄆㄧㄚ！」清脆的聲響在夜間特別突顯，我呆住了，手臂僵住而肩膀緊縮的感覺到現在還很鮮明。

我最反對以暴制暴了，做出了與自己理念不合的動作，我怎麼了？

樹沒什麼反應，他趴到我身上來。他的肢體在說話，他心的聲音我一下子聽見了。「樹，你是不是不愛聽爸爸媽媽這樣討論你？你害怕我們不愛你？」由於被聆聽，孩子僵硬的身體一下子變柔軟，於是我抱抱他，想起觀念上我不讓大人在孩子面前討論孩子的不是，而今日我也這樣做了？

「樹，媽媽愛你，只是你的動作讓我很煩惱沒能力表現出適當的愛。」（說完自己心也被動到），於是我幫他輕壓手部穴道（這是最近的睡前儀式，按壓手背上無名指與小指筋交接處）：「無論發生什麼事，樹你都愛自己。媽媽愛你（爸爸在一旁補充爸爸也愛你），你越來越會學會怎麼剛剛好處理世界給你的壓力。」

我也輕壓展爸手上的穴道：「你可以優雅而平衡的處理所有的挑戰，再大的困難都不成問題。你深深的感受到對自己的愛，即使你壓抑了身為男性的尊嚴、成就需求、暴力衝動或性能量。」

一下子……兩人都安靜的睡著了，而我也壓壓自己的手背說著：「我可以優雅而平衡的處理所有的挑戰，再大的困難都是學習；我深深地感受到對自己的愛，即使我壓抑了女性的依賴需求、脆弱和擔憂。」

一早清醒時我明白了：「小人兒進入權力需求的狀態，同步地，大人兒也是。」於是我回想起自己與樹在一起最和諧充滿活力的時光，那就是，我的專注力在，我的心情寬鬆接納自己與現況。而我能反應到孩子的言語，在堅持自己的同時，安穩耐心的先聆聽，以情聯繫後再說原則。

例如：深夜十二點半，他討著要看卡通，與我要求的對峙兩回合後，我溫婉的說：「樹，媽媽十二點還沒陪你上床是我的錯，先跟你對不起。但是我們家十二點是不看電視的。」孩子立即開心地往床上跑，一點兒都不眷戀DVD的卡通。

精準的聆聽常帶來立即的合作，而權力期的樹內心經常是衝突而有兩種聲音的。

「樹，你是不是想要鼻子通又不讓我挖鼻屎？」

「你是不是想要帶著這麼多玩具，又覺得太重拿不動？」

於是我得給予他選擇與現實的教誨：

「你可以不讓我挖鼻屎，那你會鼻塞睡一個晚上。」

「你還是只能帶你拿得動的玩具，帶不動的你得求求媽媽幫忙。可是媽媽也有自己的包包要揹。」

孩子更長大了，他正在探索世界以及他的力量對世界的影響，於是他做出危險動作，他愛與我們唱反調，語言發展成熟了，他愛說怪話以及自己創造名詞（他說以後大便叫做ㄆㄧㄠˋ）。

他還在測試神奇，比方說不說話，我們就懂他要什麼，或是用比的就能叫動我們。他同時也熱中學習，問為什麼和這是什麼的頻率越來越高。他愛創造，每天自發創造許多新動作、新歌曲、新遊戲和新的積木。

原來這就是權力需求的發展期呵！

我越充分給予他權力和給予他能自己選擇的內控感，孩子就越能與我溝通協調和合作，而精神上也愉快充滿活力。同時，他還是那個黏我們，需要被肯定、被愛的小孩：由於他行為上越來越難掌握，引發起成人的怒氣，他心裡不被愛的危機感增強之後，他就越發以為他能遙控我們就是得到愛。這是我得細心對待避免孩子對愛有錯誤信念的關鍵時刻。

我們還得充分給予他學習的新刺激，選擇晚一點到學校去，讓孩子的童年多了許多悠閒與自主的危險，問題就在於沒有按照孩子心智與肢體的成熟，給予更豐富的刺激，讓孩子無聊而少了成就感。

我想起每當樹自主地把家裡收拾得一塵不染、笨拙地幫我洗衣服、為自己摺衣服、緊張地將洗好的菜倒入油鍋裡，或是與我衝突對峙後由他找到出路……那時他神情上的光彩，以及接著而來的柔軟合作！

我也想起他最近愛唱歌、愛看我幫他記樂譜、畫畫越來越大膽、騎三輪車時很猛很猛、他說他坐摩托車時可以幫阿嬤轉彎……這可能就是他進入不同於兒時的工作期吧！

如同在親職演講上回答家長的困境，我也這樣回答著自己。然後，我跟自己說：「很好玩的，成長過程裡權力需求沒充分發展的父母，在這時候也一併被孩子勾引出自己的權力匱乏之感，於是親子會互動出很微妙而危險的關係。」於是我明白，身邊的老公需要更柔軟的聆聽，與更明確的我的表達（只為自己表達而不是要求他）……然後更大更大的尊重空間。

家裡有兩個發展權力需求的大小人兒，那我最近的需求是什麼？我的權力需求在於空間的秩序和食物的製作。只要給我許多時間在家，能依著內在秩序整理家裡，回收過多的物品，用新的理念烹調出簡單均衡的食物，就是我最大的滿足了。

哭的晴朗

某天晚上，樹洗澡時，爸爸一時眼睛痛，失手抓到他，紅的抓痕在脖子，可以想像他的痛。可是他的哭，意味複雜。

十個半月大的旦愛笑也能哭，聽她哭，即使手忙腳亂泡奶，心情都還能愉快輕鬆。

因為那哭，晴朗而無雲。

她的哭，是一種單純的表達，「我餓了。」「我痛。」「我嚇一跳。」我們很樂於聽見她的需求，她的表情，也好願意關心她。

樹也愛哭，他越來越能從哭中保持與當下的聯繫，越來越能照顧自己。但他有一種哭，會讓人心煩。相較於旦那樣「晴朗的哭」，才明白，樹偶爾會有的「陰天的哭」。那哭，帶著些微控訴的意味，或是抱怨的訊息。

某天晚上，樹洗澡時，爸爸一時眼睛痛，失手抓到他，紅的抓痕在脖子，可以想像他的痛。可是他的哭，意味複雜。

他嘴裡哭：「好痛！」我聽到他的哭聲除了說痛，還需求：「我要被照顧！」同時底層的聲能量意味著：「你為什麼要抓痛我？」這樣多層的訊息，帶給聆聽者烏雲感，在適當的照顧以及爸爸道歉後，他的哭持續。

我提醒：「樹，練習哭痛。不要哭抱怨。」

「把痛哭出來，會有力量，哭抱怨，會讓自己減少力量。」

「哭痛很好，把你的痛哭出來。」

很神奇的，這孩子與我聯繫很好，他的哭開始變得晴朗，而有力量。當他學會單純地哭痛，我的心疼感自然出來。單純地哭痛一下子就哭夠了，他恢復笑笑和遊樂能量。

哭痛的力量感讓他將能量回到內在，照顧自己，哭抱怨把能量放在別人身上，自己是無助的（除非別人……我才能……）。

那天，我們要到樓下玩，先搬東西下樓的展爸忘了關門，於是，蚊子進來了，且也差點爬出去。

在樓下騎腳踏車時，樹凝著臉疏離地騎自己的車。推車坐著旦，我陪她跟著哥哥繞圈圈，展爸練習他的拉弓射箭。我偷偷問樹：「你是不是心情不好？」他在我耳邊說：「爸爸剛剛忘了關門讓旦爬出去，我還有點生氣。」

這孩子，真是有兒保意識，他清楚，孩子有權利被保護照顧。

我在他耳邊輕聲：「每個人都會犯錯，我會，你會，旦會，爸爸也會。照顧自己的方式是放下它，等一下再跟爸爸分享你的生氣。」

很神奇的，樹立刻聽進去了，他表情變得生動，跑去看爸爸的箭靶，父子玩在一起，開心回來了。

在我的觀念裡，沒有寬恕或原諒的概念。寬恕意味著：「我比他高」，原諒意味著：「我有權給一個原諒」。這樣的差距與分別，妨礙了人與人的一體感。我能做的，是為了自己，「放下」（let it go，「釋懷」）。「放下」是讓自己自由。

在我這裡，人生的交錯相遇，本著機緣與慈悲、深刻與美麗是我所求。若交錯時，受傷或不幸，本著機緣與慈悲，盡量去彌補。能做多少，就是多少，無法要求寬恕或原諒，錯發生了，就是接納，無法抗拒它的存在，也無法假裝沒發生過。

以公民而言，尊重法律；以社會人而言，相信公義；以一體感而言，信任更大的看不見的循環，法律該承擔的，道德該承受的，業報該償還的，自有其管道。然而，若錯發生的對象，是許諾親密的家人，「分享」是最真誠的做法。

樹可以分享：「爸爸，我剛剛有個生氣，你忘了關門，旦差點爬出去，好危險。」（感受與背景）「因為我認為你應該保護旦，你沒有做到，所以我生氣。」（詮釋）「我希望你能保護旦，保護我。」（期待）

「讓你知道我」是分享的目的，「促成親密」是分享的祈求。

單純地分享生氣，不是受生氣影響而行動，也不是要讓人改變或受苦，就是一種敞開。

昨天晚上，我們正從百貨公司要回家，展悶頭開車。樹問：「爸爸，你好像心情不好。」爸爸說：「是啊，我有四個生氣……」他娓娓道來他的四個生氣，我們認真聽。樹接著說：「那我有三個好累……」接著我說：「我晚上有四個『真好』……」

我們就這樣說著說著，親密，輕鬆而濃密的流動。

分享生氣，是晴朗無雲的……

分享好累，是晴朗無雲的……

晴朗無雲，因為自我負責，因為敞開真誠……

真好。

小男孩的祕密企圖

樹說：「我要看電視。」

我說：「等我們倆和好了再看，不要逃到電視裡。」這個被拒絕的挫折讓他大哭。

懷老二四個月的時候，我進入一種很舒適的能量飽滿時期，這能量是肚裡的孩子帶給我的，非常扎實而舒適。

老公出門了，家裡只剩樹和我。我們之間，有一種親密的和諧感，兩人彷彿無話不說的好朋友。他有他獨立的遊戲，需要對話與觀眾；我有像漫畫的可愛與玄思，停下來自己的想像力就說個故事給他聽。樹不時想爬到我身上抱抱，嚷嚷要壓小旦旦的樂趣。

傍晚，我幫樹洗完澡，他穿著小內褲到處亂玩；逛到浴室發現我在泡澡，他自己脫了小內褲問我能不能進來。進來後他想加他的酵素粉，而我堅持這缸水是我的，只加蘋果醋。小人兒拿水盆的水潑我，我教他玩我愛玩的浴缸氣壓遊戲。

兩人肚子餓了下麵吃，當他吐了一口麵在地上時，我有些驚訝。當他用面紙擦地板反倒把麵條都糊在地上時，我說我生氣了。他開始紅眼睛嘟嘴巴，爬到我身上來。

情緒困頓下，他說：「我要看電視。」我說：「等我們倆和好了再看，不要逃到電視裡。」這個被拒絕的挫折讓他大哭。哭到傷心處，忙把眼淚擦到我衣服上（能把眼淚擦到媽媽衣服是他測試親密的習慣），擦完還要看看他的淚痕是否在我衣服裡，一種我們倆之間愛的考驗。

我輕輕聆聽他：「樹被媽媽的生氣嚇到了，不懂媽媽為什麼生氣，樹不曉得怎麼辦，所以想看電視是嗎？」聆聽到深處，他的委屈出現，又哭得大聲起來。後來我說了個故事給他聽：

一隻小袋鼠吃西瓜卻跳到西瓜裡踩踩，袋鼠媽媽堅持要向農夫道歉和道謝（謝謝這麼好吃的西瓜），才能玩第二種遊戲。

小人兒聽得入神，身體放鬆下來，我帶他看他白天堆的積木，那棟高樓在電風扇的吹拂下搖搖晃晃也挺挺直立（我們把所有的積木堆成高高一堆）。小人兒的心好了，他著迷於世界的各種現象。

一整個晚上，他都沒再提要看電視的事情。

孩子真的長大了，有他面對挫折與無助的策略，而我這般互動會帶來什麼影響？想起上週展說個故事，故事的意思是：孩子有他自主自由的心思，也有他小人兒的小小策略。那故事是這樣說的（摘自展爸的日記）：

樹與展爸相處了一整個早上，樹開心地吃掉一球冰淇淋、又東玩西玩亂跑之後，突然大聲宣布：「我們出去逛逛吧……」展爸懶洋洋地問：「去哪逛呀？」「去7-11好不好？」「要買什麼？」「什麼都不買！」「好，走……」

進到7-11，說什麼都不買的樹立刻跑開，衝入貨物展示架之間，嘴裡叨叨唸著「在哪裡呢？在哪裡呢？」展爸一頭霧水，只是跟在他後頭。樹衝到店裡走道底端，轉個彎又嚷嚷去了，追去卻不見樹蹤，只知他狂奔亂繞著。遙聽歡呼一聲「找到了！」爸爸大奇，快步過去，一見那模樣便大笑：小人兒一臉燦爛，使勁推開冰淇淋櫃子上蓋，指著小美冰淇淋、杜老爺甜筒、瑞穗牛奶冰，吆喝著：「要這個、這個，還有那個……」

展爸回想起剛剛小傢伙在懷裡的鬼鬼神情：撒嬌要去7-11逛逛，原來那叫做「有心思的表情」。展爸哈哈笑，手一張：「來，樹，給我抱抱。」他柔順的倚身過來。「讓爸爸想想怎麼說（冰淇淋不能吃太多）？」仍忍不住好笑，他翻身而起敲著冰櫃：「這個！這個！」展爸又大笑：「來，樹，讓我再抱一下。」他嘟著嘴靠過來：「怎麼抱那麼多？」

記得展說這故事給我聽時我笑壞了，原來小人兒已經有「鬼鬼」的心思，想他眼神閃爍隱藏祕密的俏皮樣子。孩子成熟了，有他心靈需要的神祕空間；孩子一再測試自己擁有的力量，跳躍操作人際互動……也許看電視也是他獨自讓自己恢復愉快的方式吧！下次我可以更鬆一點。

我也喜歡我的堅持，堅持不逃開情緒的我有自己的人生理念，我崇尚深層心靈的力量躲在生命缺口，黯淡與衝突之處。

天使逐出伊甸園

中午，香蕉又斷了，哭了兩下，他自己決定用手撿起斷掉的香蕉吃。

我跟展還記得上次手忙腳亂用牙籤把香蕉接回去，他依然大哭，說要原來香蕉的糗狀。

兩歲半左右的樹，長出了自我理性邏輯卻還沒成熟，他有控制需求又活在神奇的世界裡。

這樣半生不熟，經常讓大人不知如何回應。他哭過：「斷掉的香蕉要再復原」，「要按被按過的電梯」，「不要黏土被捏過，要它本來的樣子」，或是，「要潑出去的水收回」。

重來沒有用，換一個新的也不是他要的，孩子在要一個凡人父母給不起的「天堂」。要不到的他，每次都嚎啕大哭。而我終於學會這時候，只是安靜地陪著他讓他哭。

我掙扎過，拚命想跟他解釋世界無法復原，拚命想替代方案讓他可以滿足。後來**我學會最好的方式就是接納，陪著他安靜的哭。**

我漸漸明白那個失望對樹來說是很巨大的，已經活在人間的我，忘記了剛從天堂墜落凡間的不適應。當我明白那失落的巨大，我就能安靜的陪他哭泣，接納他的失望與挫折，接納他的無理要求，接納自己的平凡。

小時候聽亞當與夏娃的故事，曾經這樣想：「上帝真小氣，為什麼不給他們吃好吃的蘋果？」就像王母娘娘的仙桃一樣，孫悟空也是吃不得的。後來才明白那是個隱喻，人類吃了知識之果，有了智慧，是得到人間的。

孩子漸漸長大，樹也有了自我，只是他經常忘記這是人間，每回遇到凡間無法挽回的因果律，還是要徹底大哭一回。

好多回了，有時哭累了就在我懷裡睡著；有時哭盡了，可以與我討論「那我們怎麼辦呢？」有時我太皮了，他沒哭完就被我吸引，又笑了；好多回了，樹越來越接納這世界的不完美。

中午，香蕉又斷了，哭了兩下，他自己決定用手撿起斷掉的香蕉吃，不哭要長回去了，只哭一下下。我跟展還記得上次手忙腳亂用牙籤把香蕉接回去，他依然大哭，說要原來香蕉的糗狀。

每天都有幾次，樹被逐出伊甸園，墜落人間，然後好好地，被兩個凡人父母，用雙手給捧住了。

核心需求

他說：「我早上哭什麼呢？」
我問：「你知道嗎？」
小人兒說：「我哭冷氣，哭你。」

樹三歲三個月的某個早上起床時有許多莫名的哭，他哭不要我關冷氣（摸他身體是冰涼的）；他哭不要我到裡面房間列印資料（他想要我在床上陪他）；他哭要我揹他到床上（我只肯在起居室陪他）；後來他大哭「媽媽來……」（原來他想尿尿了，但不明確表達）。

終於我明白他要尿尿了，紓解尿液之後，他立即安定下來。我問：「記得你剛剛哭什麼嗎？」他說：「忘記了。」

玩了許久，吃中飯時，他說：「我早上哭什麼呢？」我問：「你知道嗎？」小人兒說：「我哭冷氣，哭你。」

我說：「你哭媽媽不照你的意思做，是嗎？」孩子點點頭。我又說：「你其實身體不舒服，想要尿尿，但你又沒有很知道，是嗎？」小人兒眼睛亮了。

我說：「有時候你有你的主張，媽媽有我的需要……這時候我們就撞上了；有時候你等媽媽，有時候媽媽放下需要陪你……讓我們經常輪流好不好？」小人兒想一想，認真點頭說好。

我又說：「**重要的是，要聽見你身體在說話；你要大聲幫你的肚子說話……餓了、想尿尿、想大便……都要說出來喔！**」小人兒開心笑笑說好。我又說：「樹很能幫自己的心說話，比較少能幫自己的身體說話。下次聽身體就像聽心一樣。」小人兒點點頭。

那天下午，我去工作（我的工作與兒保有關）。

一個二年級的小女孩跑來認真的跟我說：「我還不想回家，我還要住寄養家……」後來我與她的父母做親職會談。工作結束，要找小女孩到會談室一起與父母協商時，小女孩躲在社工的辦公室裡，大聲喊：「我害怕見到他們。」

自己這三年來與樹之間的磨練，充分地在「與小小孩相處」的項目上增加自己的效能（empowerment）……我很能聽到孩子深層的聲音（真實身體或靈魂的需求），並分辨孩子飄忽與受外界影響的想像聲音（比較是腦袋的想像和以為）。我認真聆聽小女孩，面對她，不疾不徐的說：「你的爸媽還沒離開，你可以選擇看看他們；或者你可以跟我說你不想見到他們。那我們就兩個人說話（這是個很愛與我說話的小女孩）。」小女孩立刻清晰不掙扎了，「我不要見他們。」然後跟著我上樓談話。

到了樓上，我認真說明，關於她想要多停留寄養家庭的意願，現在如何影響整體的抉擇……而整體也有它的運作法則與限制等等……（小女孩理解力很好）於是，我們說到了她的父母。

我認認真真地說：「我知道你很怕你的媽媽，你要回家覺得很緊張……其實你的媽媽也很怕你啊，你要回家她也很緊張喔！」（這是真實）「可是啊，你的媽媽還是很重視你，她今天早上起來就吐了，然後又肚子痛……她幾乎站不起來了（這是個洗腎而身體有危機的母親），但是她為了想要見到你，她還是堅強站起來，嘴巴含著人蔘片過來了。」

小女孩開始大聲哭泣（這是個一向不讓自己在大人面前哭出來的孩子）。我問：「你現在哭哭，是哭害怕回家？還是哭媽媽的身體？」小女孩說她哭媽媽的身體：「我不知道我能為媽媽做些什麼？」於是我問：「你的媽媽現在可能還沒離開，你要不要跟我下去和她說聲再見？」小女孩立刻站起來，小手拉著我的手，快步主動地下樓（那走路速度讓我這孕婦有些吃不消）。（而我也覺知著她的速度，絕不讓自己快過她。）

小女孩到了樓下，衝到媽媽懷裡大哭（我幫她說明她眼淚的來由）。小女孩親了媽媽，也和爸爸抱抱親親……（在過去，這對母女有擁抱的困難。）現場的社工也笑開了……她的父母開放而柔軟……我感到周遭有一種粉紅色愛的能量。

這天的工作帶給我力量，一種接觸真相的力量。

有時候孩子表面的訊息很難處理，但那只是孩子無法聆聽到自己真實的掙扎。如同樹只是要尿尿，卻因為我早晨的無法柔軟回應他與堅持自己，導致孩子繞了好大圈圈，弄得兩人都疲憊。

確認核心需求的力量，工作裡面對個案的我穩定多了。不會只接收孩子的表面訊息，會同時信任有更深層的訊息，與愛和信任有關的！

傷心的母親

我轉頭跟後座安全椅上的樹說：「媽媽因你而傷心，現在暫時不和你說話了。」

好深的傷心，連我都不明白的痛楚。

這是親子過程裡，很難得的，我讓自己被樹的行為所傷。

親子互動裡，由於過往童年的未完成，或人格裡的陰影，於是我會讓自己被孩子的行為傷害。事情發生在樹三歲五個月時，我懷孕五個月。事情的開端有許多前置因素：

先是我從南投帶了兩天工作坊，萬分疲憊回到娘家，和媽媽與妹妹一夥人到日本料理店吃飯；由於大肚子坐榻榻米太久了腰痠，我向樹借他的寶貝枕頭靠一靠（枕頭是樹隨身攜帶的寶貝，吃飯也帶著）。

樹硬是不肯，即使他正與表弟四處飛奔玩耍，一點也不需要枕頭。後來展專程撐傘回汽車拿靠枕給我。展有些生氣，聳聳肩用唇語告訴我：「這猴死小孩，我暫時不想理他了。」

隔天在娘家，一群人吃午飯時，樹吵著要吃「阿嬤的炒蛋」。（樹每回到外婆家，早晨都有一盤炒蛋。）我請他親自向外婆說。蛋來了我又請他跟外婆說「謝謝」，他ㄠ了好久，什麼都不肯說。直到他吃完蛋蛋，滿臉滿足，用調皮的笑臉到外婆耳邊說「謝謝」，只是嘴形不涉及聲帶的表達。他跟我說：「這是假裝說謝謝。」

最後晚上要離開娘家時，我要求他跟外婆說再見。他堅持不肯說。

在我揹著行李腰痠時，小人兒還賴著不走，硬要帶走「之前說好放外婆家的」扭扭車。於是我一言不發逕自走到車子裡，坐下後心裡傷心。我轉頭跟後座安全椅上的樹說：「媽媽因你而傷心，現在暫時不和你說話了。」

好深的傷心，連我都不明白的痛楚，靜默地流淚，思緒斷斷續續，伴隨著心痛、肝臟，然後卵巢點狀依序發痛。猜我又心碎了一回。樹則開心地讓展陪著他，聊天、說話……一個半小時的車程，他乖巧地愉快著。

我可以聽到他聲音裡的小心，音量與音質變得柔軟而節制，發音時肚子的力道不見了，剩胸口以上的波動。這不是他習慣的開懷暢快，是他節制著小心著讓自己保持愉快。半路上我提醒他說話太大聲，他立即安靜下來。這不曾出現的快速收斂，讓我知道孩子心裡有些許害怕。

車回到新竹，我差不多回過神來，也整理得差不多。於是找樹來「說話」。我表達的重點是：「媽媽剛剛傷心，是因為你得到許多照顧，而沒回報，這樣不平衡。」

小人兒不懂什麼是「平衡」，他提及他會照顧自己。於是我慢慢說明什麼是平衡：「平衡就是有來有往，不是回報相等的東西，而是回應我收到的心意。」

說的時候，我想起家族系統排列老師說的話：「小孩哪能回報什麼？他們能回報的就是他們的天真與笑臉。」的確，在我原來的理念裡，父母的愛是不求回報的，樹給我們的快樂與天真，早就超過我們的付出。

只是那心裡的不平衡怎麼來的啊？也許在外婆開懷地煮蛋給孩子吃時，想說「謝謝」的是我自己。身為女兒的我，想跟親娘道謝。我回憶起自己當年也如同樹這麼不知天高地厚、理所當然地接收所有媽媽爸爸給的照顧與關愛。我因為看見媽媽年老的疲倦與滄桑，自己心疼吧！

我開始明晰地了知，傷心的自己潛意識裡流過的心像，是這些心像讓我傷心，樹的幼小頑皮舉動，只是勾引出傷心的小力道而已。大部分的傷心與他無關。我的潛意識心像這樣流過：我在汽車上深刻傷痛的是涉入了親子間給與受無法用客觀平衡來衡量的本質。

想起親職工作裡，那些怨嘆的老母親「夭壽死因仔！」的叫罵聲與抱怨的容顏。想起演講會場，那些不肯照顧自己的歐巴桑，一心只期盼孩子不要再沈迷於網咖、賭博……抱怨孩子又不肯照顧自己的母親。還有我那退休後沒收入的媽，又一次刷現金卡借錢給從不還錢的兒子。

親職工作經常只能遇到母親單方，陪的最主要脈絡是要她放掉改變孩子的企圖，從照顧自己開始。但在心裡，面對這樣辛勞母親的我，常覺得那些孩子欠母親一個真心的感謝：

感謝媽媽給了我生命，感謝媽媽給我的養育，

即使您給的不是完美，卻也是您能盡心做到最好的了！

父母的愛無法要求孩子回報，孩子不一定要用奉養的方式回報，孩子也萬萬不

可用滿足父母期待的方式回報。如何教會我自己的孩子，在收到關心時感受到，而能知覺這是一份愛的傳遞，能真心說出謝謝，而願意繼續將這樣的良善與愛傳承下去。這其實是我對自己的期待。

自己的智慧仍不足，愛的能量也還有缺。

這是我面對自己的謙卑。

安分裡的霸氣

樹會在我陪他玩時不堪旦的侵入，大聲說：「爸爸，你把她帶走啦！」

女兒六個月，我看著她的眼睛，發現她眼神專注而直接，她表達需求的方式，永遠直接而有效。

這是我的女兒，嬰兒期就表現了獨特氣質，一個擁有內在寧靜空間的孩子。

有時候我睡不著，只要碰著她就能分享她的放鬆，好快就睡著。

有時候我有些分神，專注抱她在肚子上，她安坐之處也寧靜起來。

雖然，在外人或我口裡，她是個黏媽的女兒，整個週末，四十八小時不離身，匆忙地上廁所洗澡，因為她正到處找媽媽。其實，我也愛靠近她，分享她的安定與寧靜。

夜眠時分，她經常哭泣或翻身尋找奶嘴，只要我輕輕觸碰，或柔聲喊：「媽媽在這兒，放心睡吧！」她就放鬆安眠。而我也樂於如此輕易分享我的安穩，以較不流動的心識，穩住她翻飛的意識。

樹與我，最愛分享她的笑，咯咯咯，咯咯咯，張嘴的笑顏，像極了漫畫裡可愛的典型。

我們不厭其煩地一遍又一遍逗她。家裡笑最少的展爸，遠遠地看見她的微笑，也發出會心的大微笑。除了有時候真的覺得被困住，得時時刻刻感受到她在找我趕緊回到她身邊之外，整個假日，能擁有和孩子們相處的時光，停頓的思考開展的心，多麼愉快。

樹這幾天愛玩一個「截斷」的遊戲：「我截斷你跟旦旦之間。」因為展爸上週去日本旅行，樹與我之間，又發展出屬於我們兩人的遊戲。我們最新的遊戲是玩繪本《傻比傻利》（格林出版）裡有一百多個小小娃娃的畫頁。樹會說：「換我囉！他是白人，金黃色頭髮，粉紅色上衣，黃腰帶，紫色褲子，黑鞋子。」然後我得在一百多個小人裡，找出這一個獨特的小人兒。接下來換我說：「換我囉。這個人是女生，她穿了像夕陽一樣的衣服，長裙子。」而樹享受他尋找的挑戰歷程。

也因為這樣，樹開始對我和旦之間的黏膩產生敏感，他會在我陪他玩時不堪旦的侵入，大聲說：「爸爸，你把她帶走啦！」或是在旦欣喜地爬向我時，他用比妹妹超快的速度爬向我，先佔據我大腿間的寶座。

他會在旦正朝我而來時，放個大枕頭在我們之間，開心的說：「截斷。」我欣賞孩子表達內心情感的方式，用一種有覺知的儀式行為來表示他的欲望。他開懷愉快地玩著「截斷」的遊戲，我也不以為忤地愉快與之同笑。連旦都玩得開心。

樹並沒有真的截斷什麼，但我們收到他的心意，這也促成旦與爸爸的聯繫更多、更好，四人原本的分工過度，逐漸平衡過來。

幾天下來，旦開始會找爸爸，看著爸爸離去時會眼睜睜地，旦的內心世界，爸爸與媽媽的比重，也越來越平衡了。

妹妹出生後，樹學習在安分中討愛。在珍惜裡霸氣。

小小的儀式行為，大人能被點到，又能涵容。我也逐漸意識到，要敞開自己給兩個孩子，在平衡上拿捏，才是一家的幸福。

覺察自己的控制欲

「樹，可能是假的，但我們用想像的，如果我們三人都變成兔子了，你要不要也一起變成兔子呢？」

「……」孩子想了很久，眼睛開始水潤潤的。

樹四歲四個月，旦旦六個月。

那天，我將紅蘿蔔煮爛了上桌。旦很愛吃，以前不吃的我也覺得好吃。展說：「真甜美。」只有樹不吃，之前他也愛吃的。他說：「我在學校會吃。」於是我開始玩，我說：「我、爸爸還有旦，我們三個都吃了。你知道吃了紅蘿蔔會發生什麼事嗎？」「什麼事？」樹睜大眼睛問。「會變成兔子。我們三個都會變成兔子。那就只有你一個人是人啦！」

「是假的對不對？你騙我對不對？」樹笑著懷疑。

「……」我笑著不語。

「是假的吧！人不會變成兔子的。」樹開始有些不確定。

「原來他已經長這麼大了，大到失去想像力。」我跟展一起笑。

「樹，可能是假的，但我們用想像的，如果我們三人都變成兔子了，你要不要也一起變成兔子呢？」

「……」孩子想了很久，眼睛開始水潤潤的。

「那你變成兔子，還會說人話嗎？」他擔憂地問我。我沒收到他的擔憂，玩過火：「嗯，可能就不會說人話了ㄚ，我們都會說兔子話。」「……」「哇！」他大哭。

這一哭像山崩一樣，大慟。

他跑到我懷裡要我抱，本來在我懷裡的旦被擠走拚了命想擠回來。展忙著抱走旦，讓樹可以享用我的懷抱。但旦不喜歡被強制抱走，她掙脫父親的手又爬回來，兩個孩子擠在我的懷裡哭。樹放棄我的懷抱轉身找爸爸抱。

我有些不忍也有些讚嘆，讚嘆孩子的真情洶湧。我聆聽他：「你害怕一個人，沒辦法跟我們說話，是嗎？」他點點頭。「你不要變成兔子，但你又想要跟我們在

一起，所以不知道怎麼辦，是嗎？」他點點頭。

我問：「不管怎樣，你有自己的主張，你不要吃紅蘿蔔，是嗎？」他點點頭。

我問：「你最喜歡媽媽陪你說話，我不能說人話，讓你覺得難過，很寂寞，是嗎？」我問，他點點頭。

我表達：「媽媽認真跟你說，我會很認真很認真，讓自己一直是人。會說人話，會陪伴你。」

「爸爸也會。」展在一旁跟著說。

「真高興你這麼愛跟我們在一起。」我也有些觸動，真心抱緊他。

且笑著摸摸哥哥，拚命扯他的頭髮。（那是她表示親近哥哥的慣有動作。）

孩子，認了父母，無論父母是慈善是溫和，孩子，認了父母就跟定父母，這是我這麼多年工作的心得。

這認，是靈魂深處的指認，從孩子還是靈魂時，選了我們投胎的深。而這認的深情與捨命，父母常常會忘記。樹是個真性情的孩子，他的大慟，提醒我，得尊重回應孩子的捨命跟隨。

樹在學校很乖，他自己吃飯，他不愛吃的東西也吃精光，他自己鋪床，自己擦屁股。這樣的乖巧，讓我有些嫉妒。

我問他，為什麼在學校認真吃飯，都不會離開座位；他說不知道。我說，離開座位會發生什麼事？他笑笑說：「會被罵吧！」是否被罵可能是他的想像，不一定是學校的客觀事實。但樹的確因為在學校壓抑、學乖巧，而在家裡有種特別的反叛需求。

他將反叛用在家裡，原來吃的紅蘿蔔變成不吃；成熟的生活自理能力放棄，喜歡享受被照顧的權利。彷彿，我們縱容照顧他成了一種愛的象徵。這錯誤的學習讓我傷腦筋。樹在阿嬤家，凡事有人照顧，他可以只負責玩就好。學校與阿嬤家的距離，也讓我想破頭。

樹似乎自然地學會三個地方有三種規矩：在學校，他熟知規矩，也有能力跟隨，只是心裡感受到壓力，每週第一天上學的早晨經常要鬧鬧脾氣。

在阿嬤家，他熟擅各種要求的權力，他樂於玩得瘋狂，連玩具都不用收。

在我們家，他知道我們倆可以溝通，他學會各種表達。

昨晚，樹與爸爸下圍棋時，我貪看書，放縱旦玩哥哥的甲蟲卡。旦旦開心地玩著她的渴望，將整本甲蟲卡手冊搖晃揮動，一堆卡片全撒落在地上。

樹過來：「媽媽我不喜歡旦玩我的甲蟲卡。現在怎麼辦？我不想收。」

爸爸說：「我來收吧！」旦在一旁專心看著我們溝通。

樹微哭：「可是我不喜歡這個辦法。」我懂他，我問：「你覺得其實是旦旦要收拾，不是爸爸收。媽媽這樣想，你覺得我錯了，是嗎？」

「對！」他哭，他說：「我想要打你。」他伸了手又收回去。

「媽媽很高興聽到你把心裡的感覺說出來，還看到你把自己的手收回去。」我平靜地說。

「我再給你一次機會。」他像是找到台階下，可以不打我就撫平他心裡的不平感。但我卻被這語句挑起，我問：「媽媽都不曾這麼說，你從哪裡學來『再給人一次機會』呀？」我著急了：「我會說，再給你幾次機會都沒有關係，因為你對我很重要。」

孩子似乎無法在此時接收我的東西，他堅持要用「再給你一次機會」。這事後來沒有完成，我們散了，朝洗澡的路線走。

我反思自己的溝通無效，是因為我心裡的著急，急著拿掉樹在別的地方學來的各種帶有控制意味的表達。因為我的著急，讓我當時沒有跟自己在一起，也無法跟孩子在一起。我的表達，只是在宣洩我的著急，所以我當時宣稱的愛，沒有與愛聯繫，也是一種帶有控制意味的表露。

是啊，若我真的夠穩，真的能用堅定的方式引導與教導孩子，真的覺察自己各種幽微的控制欲望，並與自己同在。也許，我更能欣賞孩子從非我之處學來的各種習性與觀念，而能輕鬆地與之同在。

是的，我有控制欲望。我想控制孩子，在我的理念下長大，這是好巨大的欲望！忘記「**孩子不是我的，孩子屬於他自己，屬於更大的存有。**」這紀伯倫的智慧，總要不時複習一下。

挫折時開心起來

我喝叱他：「樹，我不喜歡你拿桌子出氣。」

覺察自己被煩躁控制，我深呼吸，讓煩躁離開，平靜些。

四歲半，開心使用電腦小畫家作畫的樹，因為顏色修改數次嘗試失敗，爸媽忙著做家事與照顧旦旦，沒人回應他怎麼辦的需求，於是他深感挫折，拿著枕頭打電腦出氣（我心愛的手提電腦）（他已經將電腦蓋起來）。

看著他細心打我的電腦，我心裡的詮釋是：「這孩子知道要保護我的電腦，所以他將電腦蓋起來，用枕頭輕輕地敲打。他需要的，只是一種儀式性的宣洩。」「這孩子，很容易感到挫折，而他表達挫折的方式，是將挫折投射向外。」

於是，我停止手邊的工作，和旦一起過去，陪他。我提議教他找回顏色的方法，他不相信我有辦法，挫折依舊，索性躺在地板，像個嬰兒一樣，敲桌子賭氣。

這時候，我喝叱他：「樹，我不喜歡你拿桌子出氣。」覺察自己被煩躁控制，我深呼吸，讓煩躁離開，平靜些。

我說：「我們等一下要出去吃義大利麵，這是快樂的事，也是你想要的。」「如果啊，你沒有在五分鐘內，讓自己快樂起來，我們只好改天再去。」「來，你要我陪你數顏色，讓自己開心起來；還是自己另外想辦法？」

孩子要求我陪他數顏色（註1），他選擇數橘色。我們在空間裡尋找橘色的痕跡，兩人的視線隨著對方指定的橘色到處轉。三分鐘後，數了十五個橘色，遊戲結束，今天由樹獲勝。三分鐘，孩子和我都恢復開心。四人出門吃麵了。

後來樹很驚訝數顏色這麼有用，他跟爸爸分享，他們倆為我和樹各加了開心和榮耀的分數（註2）。吃麵的時候，我說：「挫折的時候，讓自己想辦法變快樂起來，這就是進藤光（註3）的厲害。」

我開始思索，我要傳遞什麼樣的世界觀或內在信念給孩子。在這個故事裡，我的世界觀是：「挫折的情緒是自己的，想辦法讓自己變得開心正向，再回去解決困難則是一種能力。」這樣的行動方向，是我欣賞、喜歡與選擇的。

這裡的親職的原則是：

一：簡短。
二：焦點清楚。
三：用詞簡單。
四：包含具體行動原則。
五：給予自由的選擇，以及無價值評斷的陪伴。
六：將此連結到孩子認識的一個故事，或認同的一個角色。

「目標」：簡單說：「你要讓自己開心起來。」
「邏輯結果」：「去餐廳吃麵是開心的事，想辦法讓自己開心，我們才去。」
「背後給的支持與選擇」：「你可以要媽媽幫忙，也可以自己想辦法。」
「陪伴」：陪伴他數顏色，一個讓自己開心起來的行動。
「情緒技巧」：數顏色。
「行為增強」：加開心和榮耀分數。
「認知連結」：挫折時想辦法變快樂，就是進籐光的厲害。
很神祕地，樹是個很容易挫折，不太愛面對困難挑戰，遇到挫折將之歸因於外在的孩子。說神祕是因為，這三個特質，與我很不同。從小，我不容易感到挫折，愛做困難的事情，遇到不順利，我一律往內探尋找自己能掌握的原因。果真孩子是自己的照妖鏡，我越不去意識到自己性格的陰暗面，孩子就越彰顯反映，讓我得同時面對自身的這些小脾氣。

面對這樣的孩子，我在清楚自己教養原則的同時，反身自省，認真接納並承認自己也有與孩子類似的部分。

我對自己說：「是的，我喜歡挑戰困難，同時也不愛面對大困難。」「是的，我很樂觀，同時我也很脆弱愛傷心。」「是的，我很負責內省，同時我也愛將錯誤歸咎到他人身上。」

「無論如何，我接納並深愛這樣的自己。」

「我接納並深愛，不愛挑戰困難的我。」

「我接納並深愛，沒信心脆弱愛傷心的自己。」

「我接納並深愛，小孩子脾氣，愛將錯誤往外推的自己。」

當我使用書寫與自我對話，傳遞愛給自己的同時，我感受到自己與更核心的自己連結，有了更完整的接納與愛的聯繫。是啊，也唯有如此，我才能更安穩愉快地陪伴，樹這樣的孩子。

註1：數顏色，是我們家的情緒策略。在孩子哭夠後，用輪流數空間中的顏色，來轉移孩子的注意力，讓孩子與世界有所連結。

註2：樹愛玩大富翁。有一版本的大富翁叫做「幸福人生」，除了賺錢之外，還要賺取幸福或榮耀分數。於是，這也成了我們對話的原則。

註3：進藤光，日本卡通《棋靈王》的主角。有一陣子家裡迷《棋靈王》的卡通，使用它成為我的教養策略。

M型社會管教反思

我發現：樹正朝向開放與肯定的路前進，在讚嘆的同時，想起許多與樹同年，以壓抑本能與朝優秀之路走的孩子，心有些微疼。

新竹風大。開車送旦去阿嬤家，下高架橋停紅燈時，我與坐在後座的旦聊天。忽然眼睛瞥到左前方馬路中間，有個拾荒老婆婆，正吃力地扶起腳踏車站起來。車右轉時，我想停車幫忙，看看後座的女兒在笑，略一猶豫，從照後鏡看老婆婆已經站起來。路口車如流水，女兒怎生安置？於是我作罷。

車走了半公里，我記掛著在心裡拼湊出她跌倒的可能，應該是風大，她在過馬路之際，腳踏車被風吹倒了。想起她滿車的紙板回收物，應該很辛苦吧！心裡有些感覺，旦咿嗚跟我說話，我先放下，不再想太多。

直到中午，和展說話，展看見我文章裡描寫孩子的可愛，他說：「這些片刻在我記憶都是默存的，被你說得清楚，我也很歡喜。」忽然展說起他的擔憂。他說：「日本的評論家說日本是M型的社會，中產階級消失了，而台灣，也即將步上日本的後塵。」

展在大學兼任講課，他說：「我的許多學生都瀕臨破產，這當然也包含他們背後的家族。」（許多大學生有助學貸款，半工半讀，生活都有困難，更何況還貸款。）他說：「不知為什麼，我們這個年代的家庭，好像都比較穩定。」他接著說：「這是以後樹要活的社會。」

我也凜然，這是我心裡有感受的。我與展有相同的共識，在不同的位置，用我們各自的方式努力與回應。

於是我說起老婆婆的故事，說完後，開始淚溼眼眶，心有一種悲懷。我說：「沒有人去扶老婆婆，包括我自己。眼淚在流心疼，是啊，自己也沒有去扶她，我們，往往忘記，人與我是一體的。」

「是啊，地球到了轉變的關鍵時刻，不是一起往上，就是一起掉落。」

在我的教育理念裡，面對孩子的未來，第一重點不是培養孩子的競爭力，而是支持孩子，有一顆柔軟開放而堅定的心。因為，若只有自己的孩子或同階級的孩子往前，創造的不均衡，讓社會落差變大，整個社會的幸福指數會下落（註1）。那孩子，在一個不幸福的社會，是一同辛苦的。

我發現：樹正朝向開放與肯定的路前進，在讚嘆的同時，想起許多與樹同年，以壓抑本能與朝優秀之路走的孩子，心有些微疼。

是啊，壓抑的孩子，逐漸，他們的心會封閉。於是，把心敞開，感受世界，感受他人的可能會降低，他們也許也在乎他人，但內在引導的力量卻是道德規約或恐懼；他們也許優秀，但也許是踩著別人的不優往上爬的青年；幸運的孩子，可能落在M的前半段，與後半段的距離拉長且心有所隔閡。不夠幸運的孩子，可能落在M的後半段，挫折積怨地，想往上爬卻很辛苦。

社會不均的距離，不只幸福指數低，其實就是混亂的源頭。前面的人，奢華享受，也遭受恐懼之苦；後面的人，眼紅壓抑，心裡有卑微與不平之怒。前面與後面，同樣受苦。

我想要，樹，不論落在社會階層的哪兒，能一直擁有忠於自己的勇氣，敞開的決心。

我想要，讓樹與旦，無論在社會的前方後方，依然擁有與內在不斷連的喜悅的泉源。那是，即使失敗即使挫折即使貧窮，我依然接納並深愛我的失敗挫折與貧窮，還有我自己。依然能感懷別人，能接納與尊敬每個人的不同樣貌。

我想要，讓樹與旦，保持與心最深的聯繫。保持與人親密的聯繫，對於他人的苦，能敞開，有覺知，而能夠體認，當別人受苦，是反映我內心也還有斷裂之處。而能體認，當有失敗存在，也是我心裡有二元分化與對立的映照。

寫到此處，心裡一笑。這是我對自己的期待吧！**對孩子，我還是得學習，放下自己的投射與期待。**

我生性懶散，即使許大願，行動還是小小的，但我不停往前，學會更有紀律，堅持以愛為動力，同時觀照自己的恐懼。

我們家已經接近三個月不買玩具了。我跟樹說：「地球的石油快要用完了，好多東西都是石油做的，要愛惜。」學習舊玩具的創新玩法，學習生活處處是遊戲，學習居家的時間，做家事當作好玩。學習看到社區的小垃圾，一起撿起來帶回家。

我開始決定，告訴樹，這世界的靈性整體實存的隱喻故事。

因為，這是我摸索十年，找到的安身立命世界觀。

註1：在《不斷幸福論》（經典傳訊出版）一書的最後一章，引證幸福的社會學研究提到，一個貧富不均的社會，比一個均窮的社會，幸福指數更低。

CH4
驚豔與珍惜

驚豔與珍惜，說的是生活裡，很小很小的驚喜，
突然的意外，孩子讓人驚訝的語言……
還有，很深很深的感激。

相親相愛法則

「你不可以這樣，你做壞事。」孩子指控我。

「我是做了讓你不舒服的事情，沒有做壞事。」我站上教導的姿態。

原來的我會這樣說：

「樹，你若不吃飯，等一下就沒東西吃喔！晚上也沒奶喝。」

「樹，你這樣做，媽媽傷心了，我要十分鐘不跟你說話。」（通常這時候我眼眶是紅的。）

是的，我有時候會這樣使用邏輯結果法則。但在某次的經驗之後，我開始思考，如何謹慎說。樹模仿了我，提醒我下回使用邏輯結果法則時，得更謹慎。

這事發生在樹四歲半的時候。

早上收拾房子時，幾番猶豫，還是將地板上積木堆的三座房子給收了。下午接樹放學，一路上說說笑笑的，當樹一聽到我將積木給收了時，立即大哭。

我感受到他的心情，那三座房子是三人一起堆的，對他有情感上的意義。而我累了整個早上整理的辛勞，也想要被體貼。此外，我收拾積木房子時心裡也有不捨，面對如此的他，心裡百感交集。

「你不可以這樣，你做壞事。」孩子指控我。

「我是做了讓你不舒服的事情，沒有做壞事。」我站上教導的姿態。

「你做的是壞事。」孩子堅持。

「這對你是壞事，對我們家的舒服可能是好事。」我沒放棄立場。

「那你回去要堆我的房子給我。」孩子要求挺合理的。

「我想啊，可是我不會堆，你要幫我。」我與孩子商量。

「不要，我不要幫你。」孩子大聲。

「那我沒辦法了。」一下子變得很累的我。

「那我回去不要理你。」孩子提出方法平衡他的失衡。

「好啊！」心裡雖能同理他，還是難免將它詮釋為威脅。

「我以後永遠都不要理你。」孩子繼續「威脅」。

「好啊！」因他的賭氣，我也賭氣了。

「那以後你找我幫忙，我都不理你。」最近經常幫忙我照顧妹妹的樹發狠了。

「好啊！那我也可以不幫忙你。」當媽媽的我也拗上了。

「你知道平常我幫忙你多少嗎？我煮飯給你吃，我幫你洗澡，還幫忙開車送你上學……」我細數起自己的付出，分別心大起。

「那晚上你幫我洗澡的時候，我要用水潑你喔！」孩子見大勢不妙，換一個交易。

「唉……」我累了，不語。

「那我要打你。」孩子換個方式來爭取公平。

「樹，媽媽說過小孩是不能打爸媽的。你打我對你不好，真的。對我們全家都不好。」我轉為溫柔，慢慢解釋。

「我有個原則，是你說的，自己做的事情要自己收拾。你堆一個房子還我。」孩子恢復理智。

「樹，媽媽願意，可是你要幫我，因為我不會。」我也放軟了，真心想堆還他。

「我不要幫你，因為這樣不公平。」孩子堅持。

「樹，如果你打破我的杯子，我會要你收拾嗎？」我試著解釋。

「不會啊。」孩子信任我。

「對啊，因為樹不會，所以媽媽一定會幫忙。」

「好啊，那我幫你。可是你以後不可以這樣做了。」協議漸漸達成。

「樹，媽媽喜歡我們這樣，不是用公平原則，而是用相親相愛原則。」

「媽媽以後還是會收地上的玩具，記不記得你沒自己收的玩具，我會藏起來幾天的？如果你不要我收你堆的積木，我給你一個特別的地方放，好嗎？」

孩子笑了，我也恢復愉快。兩人合作，提了好多包包，抱了妹妹，坐電梯上樓。電梯裡，樹害羞地抱著我大腿撒嬌。我給他矮櫃上方的空間堆積木，任他愛放多久就放多久。

樹非常開心地重新堆砌，我說：「重新堆一次，還滿開心的，不是嗎？」整個晚上，母子倆相親相愛互助合作，超溫柔的。

是的，相親相愛法則，我喜歡。

傳統的親職教養，使用邏輯結果法則，有時很麻煩。

讓孩子自己來

我興奮地拿了張椅子，坐在浴室，呼喊：「樹，快來看。旦是主角，表演爬樓梯喔！來，你坐特別座，媽媽的大腿。」

家裡內側的浴室，用淋浴拉門隔著一道通往閣樓的祕密樓梯，平日拉門關著，旦經常在門的下方玩，從沒發現這神祕入口。

旦十個半月，爬得很好了。某日下午，拉門敞開著，她赫然發現此通道，旦大聲歡呼，張嘴站立，頭不停上仰；由於樓梯陡峭，她不自覺地仰頭，身體越來越後仰，幾乎要跌倒了。展過去保護她，支持她站好，誰知旦開始往上爬，頭也不回地，爬了三階。

我興奮地拿了張椅子，坐在浴室，呼喊：「樹，快來看。旦是主角，表演爬樓梯喔！來，你坐特別座，媽媽的大腿。」

樹和我很興奮，等著看旦繼續往上爬，誰知女兒一看到我，開始沒興趣朝上，嚷嚷著要往下找我。這時樹興奮地說：「換我當主角了。」他學嬰兒的動作，兩三下就爬上樓去。旦又有動機朝上，追哥哥的動力。

我索性也上樓，在上頭吆喝鼓舞，於是，十個月的旦妹妹，也兩三下就爬上來啦！一家四口，爬上爬下地，享受愉快輕鬆的週日下午。

過程裡，我觀照到自己，覺得我們真是一對怪父母。若我母親在此，一定會叨唸：「太危險了，教孩子爬上爬下。」而我，卻視為很棒的機會：訓練旦的肢體力發展，給樹照顧妹妹的機會，滿足樹有模擬嬰兒的退化需求；重點是，我們發現：「這個家的空間，好好玩又好舒服喔！」

我省思，自己的教育理念是什麼？我會支持樹說：「老師的想法不一定是對的，你可以說：『我不同意，我的看法是……』」

在旦與樹發生衝突時，我只用反映人際動力的技巧，而不急著保護妹妹；在旦哭要喝奶茶時，我會讓她吸一口，讓她發現不好喝而作罷。我會教樹用刀切菜，站在小椅子上練習洗碗，請他幫忙洗衣服，深夜陪他騎腳踏車出門買牛奶。

雖沒有很認真，但我的確朝向一個「讓孩子有更多機會突破能力，嘗試各種責任」的方向。

這是我的信念，也是我長大的方式。小時候，我是五個孩子的老大，我學到最多的是，即使媽媽很愛我，她還是忙不過來。所以，很多事情，就自己來啦！帶領弟妹玩遊戲，安排弟妹洗澡的次序，幫忙洗碗掃地，曬衣服摺衣服，出門買早餐、下午的點心，母親的鹽巴或醋，父親的酒或檳榔（即使如此，我依然是家裡依賴性最高，獨立最慢的孩子）。

做功課是小事，遊戲與生活，才是每天的重心。

記得小四那年，媽媽開始做生意，農曆年忙不過來時，我帶著幼稚園的弟弟坐巴士，幫媽媽送貨到「溪湖」，後來錯上了到「溪頭」的公車。家住員林的我們，到溪湖只要二十分鐘，到溪頭卻要一個小時以上。

車子走啊走的，進入了綠意盎然的森林，我開始無法安坐，心裡想：「溪湖好像沒這麼遠，也沒這麼美麗。」後來我問司機才知道坐錯車，在「名間」一站下車，過馬路到對面等車，又坐車回「員林」。

我一手拎著媽媽的貨，一手牽著弟弟，安慰弟弟說別怕，我認得路。當我們步行回家的小路時，天空開始下雨打雷，媽媽早就急到快哭了。

爸爸說：「有啊，我有送他們到車站，理書還說：『溪湖，我知道。』我沒看他們上車就回家了。」後來媽媽說起這事好多回，她怎麼都想不透，當年怎麼會讓十歲的我帶著六歲的弟弟，出這麼遠的門。

好多回，說起來，她都還落淚。

她想的是：「當年怎麼會苦到要讓孩子去冒這種險。」但我現在的詮釋是：「真好，我們那麼窮，所以我有這麼精采的經驗。」現在回想起來，好珍惜自己童年的際遇，完美的家庭，讓我帶著被愛的感受，吃苦，與接受生活的挑戰，練就今日一身的韌性與力道。

樹的命運，讓他生長在一個可以擁有完整照顧的家。他的命運，也讓他學會任性的機會超過學會韌性，很多時候，當我堅持要他自己來時，他得先度過「媽媽不照顧我」的委屈想像。而我，得堅持，更用心地，創造機會耐心等待，讓他享受「大小事自己來」的喜悅。

「再富也要窮孩子」，這是這年頭的教育名言。

「再麻煩，也要讓孩子自己來」，這是我提醒自己的話。

因為你很重要

樹嗚咽指著爸爸：「我們家生氣，他是第一名。」

女兒出生滿四個月。我身體能量耗弱，家裡的大事小事，展成了中流砥柱。睡前，樹跑進房間問我：「爸爸是不是生氣了？」

我回答：「爸爸只是太累，心情沈重。不是對你生氣。」

「為什麼？」小男孩不解。「因為每天睡覺前，有很多家事要做啊，加上媽媽照顧旦旦，爸爸一個人做事，所以很疲倦，就變沈重吧！」

「為什麼我沒有一起做？」小男孩眼眶紅著說。「你是說，為什麼沒有讓你一起做家事嗎？」我感受到男孩的心切。「嗯……」他委屈地猛點頭。

於是我把旦旦放下，抱著他正色說：「樹，對不起。媽媽忘記你是家裡這麼重要的人。」「明天開始，當我們做家事的時候，一定找你一起進來。」「是啊，真

的，我忘了你是我們家裡這麼重要的人。」（我在心裡呢喃反覆著）小男孩笑了，很有力量的。

晚餐，三人愉快輕鬆地吃著。我一手抱旦旦，一手用湯匙挖飯吃。

「樹，不可以。」

忽然我聽到一聲大吼，聲音在空間迴盪著，我反射式的抱緊旦旦，看到樹呆一陣，然後大聲哭起來。聽到自己加速的心跳漸漸和緩。老公接著說：「樹，不可以把手上的飯粒黏在椅子上。」

我呼吸了幾次，坦白說：「他被嚇到，我也被嚇到了。」

樹嗚咽指著爸爸：「我們家生氣，他是第一名。」然後靠近爸爸要抱抱。爸爸讓小男孩靠近，於是小男孩在他身上猛擦眼淚鼻涕。

小男孩繼續說：「我們家生氣，爸爸是第一名。」我回答：「嗯……這次媽媽同意了，最近爸爸生氣最多。」（我心想：「生氣最多的人，通常感受到自己最辛苦。」）

小男孩繼續點名：「我第二名，你第三名，小旦旦第四名，因為她還不會生氣。」

「對不起，我嚇到你了。」爸爸真心跟男孩道歉。「還有誰被嚇到了？」爸爸問，我舉手。於是，展正色對我：「對不起，老婆。讓你嚇到不是我的本意。」我的心收到很溫暖的珍惜：「我收到了，爸爸，謝謝你重視我。」

我問樹：「你知道爸爸為什麼大吼嗎？」「不知道。」男孩無辜地說。

我想著自己兒時，最愛揉捏飯粒，捏成黑色小球，野孩子長大的我，心裡不是很在意，捏著飯粒在桌椅上玩。但為了支持老公，我還是輕聲說：「在爸爸的觀念裡，飯粒不能到處亂黏，要放在衛生紙上。爸爸認為，這樣才有禮貌，像個小王子吧！」「我知道了。」小男孩笑著將我的話收進心裡。

我們家老公，在與樹互動的過程裡學會說：「對不起。」最近，他說了兩回對不起，男孩聽到後，都有種泫然欲泣的感動（其實我也是）。

認識多年，經常因要不到老公一聲「對不起」而受傷或無奈。本來已經放棄了，忽然獲得，還是感恩又感動。

男人的世界裡，「對不起」經常意味著認錯。女人的世界裡，「對不起」更意味著，我在乎你的感受。所以男人不輕言對不起，因為那是攸關自尊的大事。女人要不到男人的對不起時，經常直接解釋為：「你不珍惜我。」於是讓自己受傷。

在我放棄要「對不起」而自己學會不受傷之後，收到這聲對不起，心裡有無盡的感動。因為那對我意味著，「你很重要，你的感受我在乎。」

答應了樹要他一起幫忙開始，在睡前一小時，我會宣布說：「我們要睡覺了，開始做家事吧。」「有杯子奶瓶要洗，有玩具要收，有衣服要曬，還有旦旦要照顧……」「樹，你選什麼工作呢？」

小男孩會很認真的收拾他的玩具，協助摺衣服……他神色間充滿閃亮的自信。

「因為我很重要，媽媽。」

學會說對不起

樹說：「爸爸，我剛剛把奶瓶隨便放，我不是故意的。對不起。」說著，男孩的眼眶微微泛紅。

四歲半的樹，逐漸有了力量，他更柔軟了。

那天，他將鬆開蓋子的奶瓶倒立在床上，奶水差點外漏。展看了大聲吼他：「樹，叫你不可以，你還……」老公生氣，對我說：「請你帶兒子去刷牙，我現在無法照顧他。」於是，心情平靜的我，抱著女兒，帶兒子去做睡前盥洗。

我們專心刷牙洗臉尿尿，三人玩得開心。回到房間，我說：「好啦！你們兩個剛才有事情沒說完，要現在說嗎？」

大小男人都同意可以立即說，樹說他要先說。他說：「爸爸，我剛剛把奶瓶隨便放，我不是故意的。對不起。」說著，男孩的眼眶微微泛紅。

大男人的柔軟回來，換他跟兒子說：「剛才我說話太大聲，我也要為我的大聲說對不起。」

在一旁的我聽到了，十分感動。

這是樹這輩子第一次「主動說對不起」，我們教他說對不起，示範說對不起，三年了。他不是抗拒不說，就是頑皮地逃過，或是應付了事的說（這也很少，因為我們很少強逼）。許多次，我覺察到他心裡有意思，但卻說不出口。

這孩子，說完對不起後的淚水，傳遞著他心裡的難受。他的難受是：「不喜歡我們之間不開心。」這孩子，能主動說對不起，對我而言的意義有二：

‧他變強壯了，所以有勇氣道歉。

‧他的心敞開一些，除了自己，他還重視關係。或許，他還能體會爸爸的心。

這幾週，說對不起對他而言，漸漸輕鬆。例如：在出門吃早餐時，忘記什麼事了，我雖沒有不舒服，但孩子很鬧，麻煩我很多。回程時，開心的聊天，我跟樹說：「如果你能跟我說不好意思，我會很開心。」之類的話。

兒子在後座，立刻正色說：「媽媽，早上我……不好意思，還有對不起。」

回顧這一切，有一種「終於等到」的欣慰。**對我而言，說對不起，是個情意教育，不是道德教育。如同向別人打招呼，也是情意，不是禮貌。**

所以，我細膩地、耐心等待孩子的真心。不會在他做了讓人傷心麻煩的事情又不願說對不起時，強求他或說教。我總是表達自己的願意等待，守護自己心裡的受傷或失望（不表達），並繼續對他抱持信心。這麼敏感，無非在等待孩子自然的同理心，與對人的尊重和開放。

樹是個敏感的孩子，他從感受到對不起，到有勇氣說出口，花了他好長的時間調適。也許，過去的他，認為說對不起，等於認錯。認錯，等於自己不夠好吧！

這也許有種死亡的焦慮。

樹的爸也是這樣的男人，我等他能輕鬆說對不起，也等了好多年。以前，當我因他而傷心時，他會沈默，鐵青著臉，他的沈默對我而言是冷漠，是會讓我抓狂的。

我花了好長的時間才明白，原來他沈默又鐵青的臉，是他進入自責的歷程。他自責，他何以讓我傷心。他又對我生氣，何以這樣的事情我要受傷。他將能量轉內，深深地壓迫責備與傷害自己，卻無法輕鬆地道歉，然後回到關係裡與我同在。

這其實是男性的個性特質之一。好久了，他從我這兒學到，道歉重要的是：「我在乎你，所以你受的傷我難受，我感到sorry。」道歉，未必是認錯，是對不起的意思。許多時候，我受傷，未必是展做錯，這是兩回事。受傷，是我的內在脆弱，或期待落空而難受，我得為自己抱持不切實際的期待負責。

而道歉，是盡快讓兩人關係回復流動的儀式。

當然，有時候，夫妻倆有人真的做錯，或孩子做錯事。這時候，我會在情緒平穩與關係恢復後，才去談那件事。因為，有做錯，代表有觀念或習慣需要覺知與澄清。有觀念要澄清，或習慣要修正，真的需要平靜與理性的時機。

生氣與和好

「樹，你這個動作會讓電腦壞掉，所以一個禮拜內你不能碰我的電腦。」我振振有詞地大聲說。

「不要！」小人兒回我大大的吶喊（抗議的聲音）。

樹三歲七個月，我懷孕進入最後兩個月。

晚上，樹在睡前大聲說：「我還要再玩。」順手將他玩具箱上的東西猛烈地揮落，「砰！」什麼聲音？原來是我的電腦摔落在地。

「樹，你這個動作會讓電腦壞掉，所以一個禮拜內你不能碰我的電腦。」我振振有詞地大聲說。

「不要！」小人兒回我大大的吶喊（抗議的聲音）。

我轉身去處理回收垃圾，丟了一句：「這時候說不要是沒有用的。」

我覺得背後有殺氣，回頭一看，小人兒手舉高（像舉劍一樣），奔跑過來打我，帶著憤怒受傷的表情。

我繼續前行：「等我放下垃圾再來跟你說話。」

我心裡覺得讚賞，小聲對展說：「這孩子還挺猛烈的！」（樹最近在發展他的力量感）於是我坐下來，準備要他過來跟我說話，沒想到他自動過來，複雜的表情，身體柔軟地趴在我身上，我們倆抱了很久，我順順他的背，兩人藉由肢體語言和好了。

於是小人兒恢復他的力氣，坐起來凝視我。

我說：「剛剛發生什麼事，你記得嗎？」「我來說說看，如果有漏掉，你再補充。」

「1就是，你想玩，然後把我的電腦推落在地上。」

「2就是，我聽見寶貝電腦的聲音，不讓你碰我電腦一個禮拜。」

「3就是，你不喜歡我的決定，大聲喊不行。」

「4就是，我跟你說不行是沒有用的。」

「5就是，你生氣了，跑來打我。」

「6就是，你跑來趴在我背上，跟我抱抱。」

「7就是，我們現在正在討論。」

小人兒說：「我還有8。」

「8是什麼？」我驚喜。

小人兒：「8就是我之前正在跟爸爸生氣。」

「喔，原來你本來在跟爸爸生氣喔，媽媽都不知道。」

想起在洗碗的展爸，在我說時，似乎要補充0的步驟。

我們將事情澄清了，於是我說：「你要跟我一起保護電腦，就像我保護你一樣。」小人兒說：「就像你保護我不會被壞人抓去一樣。」我說：「對，你也跟我一起保護電腦，不要摔到，或碰到水。

「所以呢，為了讓你記得，今天是禮拜二，到了禮拜五，你才可以碰我的電腦。」小人兒心情很好：「這幾天我都不能碰，對不對？那我可以碰爸爸的電腦嗎？」我說：「這就是你和爸爸之間的事情了！」

我打開電腦，電腦順利開機了，小人兒在一旁鬆了一口氣：「幸好，你的電腦沒有壞。這幾天我看到它，我不會碰它，我也會記得我做了什麼事。」

一旁的展爸笑說：「你們倆好像處理得很好。」我心裡也讚嘆，這孩子怎麼學的，這樣懂事？沒有生氣就沒有和好。

沒有從小處開始，以後就不會發生更大的和好。我珍惜著，這生活裡出現的生氣訓練。

從自責到負責

樹搖著搖著後，「嘩——」一聲……盒子掉了，BB彈散落滿地，十坪大的空間裡撒滿了小圓球。

樹呆掉了，出現一種犯錯的神情。

三歲生日的前夕，樹出現了「犯錯的表情」，對我而言，那是珍貴的。因為，那是他生平第一次的犯錯表情，那表情裡包含了：驚嚇、憋氣、恍惚、自責。

事情是這樣的：

展爸玩BB槍，家裡到處是BB彈；樹從兩歲開始就和BB彈一起玩，翻攪一盒子BB彈是他炒飯的遊戲，搖晃一盒子BB彈是他榨果汁的模擬。他也真的學會不打翻，打翻了要自己負責撿起來，不能放到嘴巴這些安全守則。

那天中午他拿著一盒BB彈邊走邊搖晃，開心的搖晃著，說是「搖抹茶」。

（展最沈迷的飲料是用日本帶回來的抹茶粉加在搖搖杯裡，搖一杯冰抹茶。）

樹搖著搖著後，「嘩——」一聲……盒子掉了，ＢＢ彈散落滿地，十坪大的空間裡撒滿了小圓球。

樹呆掉了，出現一種犯錯的神情；我也呆掉了，但一看到樹的表情我立刻清醒，我有意識的哈哈大笑，試圖帶點輕鬆進來。樹繼續呆立著，我抱抱他，用手放在他的胸口和肚子之間，「嚇一跳，有點緊張是不是？」一會兒，樹又跑過去被爸爸抱一下。

我們說：「一起來把ＢＢ彈撿起來吧！」樹本來還愣在那兒的，但是當展拿了三個盒子，我搶先說：「我要最小的。」展說：「那我要最大的。」樹就跟進大喊：「那我要最中的。」本來要出門吃飯的，餓極的我卻很甘心的蹲在地上將ＢＢ彈一顆顆放進盒子裡。三人各拿一個盒子蹲在地上撿啊撿。

撿的過程變成另一場遊戲，不只是開心，還有愉快與感激。

我喜歡孩子負責，不喜歡孩子自責。於是夫妻倆很有默契的，將可能的自責瞬間，轉成負責的內在，而且是有支持的愉快負責。

親愛的天父地母，在孩子第一次感受到自責時，我能堅定地支持他負責。

謝謝這麼美好的機緣，也希望在未來，我能有這樣的開明與堅定的力量。

固執與情義

樹開口了：「菘，是13、14、15啦！13的後面是14啦！」菘一副天真無辜貌，毫無專心與吸收的可能性，繼續一次次數著……13、15、16，於是樹一次次說，一次比一次大聲，小臉脹得紅紅的。

樹是個情緒表達爽朗的孩子，大笑、哈哈笑、歡樂的笑……然後大哭、哇哇哭、嚎啕的哭……笑的時候比哭的時候多很多，在我們眼裡，他是個情緒安定的小孩，也是能給人幸福的孩子。

但他的哭很特別，樹十歲的表哥說：「樹什麼都好，就是愛哭。」外婆則說：「樹哭的原因跟別的孩子都不一樣。」阿祖常阻止他：「男孩子不要哭。」

由於當父母的我們對於哭給予很大的支持與自由，所以至今為止，樹也還哭得怡然自得，理直氣壯。是的，理直氣壯。

他的哭裡有一種理，這個理很孩子氣，是外婆不太懂得的。

樹滿三歲左右，一夥人去南庄度假，清幽的度假磚房，像回家一樣輕鬆。樹和菘表弟玩了一整天興高采烈，和諧融洽，兩個孩子有他們自己的遊戲默契，大人只需在一旁分享他們倆的美麗與歡笑即可。

直到晚上，菘呼嚕數著數：「1、2、3……11、12、13、15、16……」當菘數超過11時，外婆稱讚，當菘跳過14，直接數15時，菘的媽媽和外婆都表明，這是他的特色，教了很久也沒調整過來。

這時候樹開口了：「菘，是13、14、15啦！13的後面是14啦！」菘一副天真無辜貌，毫無專心與吸收的可能性，繼續一次次數著……13、15、16，於是樹一次次說，一次比一次大聲，小臉脹得紅紅的。

展、妹妹（菘的母親）和我都停止聊天，我們知道他就要大哭了。果真，他節節逼近無效後，忽然放聲大哭。趴在爸爸的腿上唏哩嘩啦，超級大挫折。

在場的大人對於這樣的樹相當熟悉，沒人說什麼，妹妹抱著受驚的菘，展則抱著委屈的樹。

菘是個非常肢體本能的孩子，他喜歡跑遠、跑得快，每回大人喊他不回來時，樹的呼喊，總能把菘叫回來。而樹是個邏輯與理性發展很早的幼兒，他心中的理性地圖清晰而堅定。「太正了。」我們都猜他的正以後會惹毛不守規矩的同學，吃苦的是他自己。

我能怎麼回應？怎麼回應能不打擊他的正，而又讓他學會接納每個人的差異？我從展的手上接過大哭的他，溫柔的說：「樹知道13的後面是14，然後是15，對不對？」孩子點頭。

「樹很想讓菘也知道對不對？但是菘聽不到所以你就哭了對不對？」「你很挫折，還是想教會菘對不對？」他一一點頭，情緒越來越和緩。

我的每一次聆聽，都得到孩子的點頭；孩子每點一次頭，心境就平穩下來；漸漸只剩模糊的淚眼。

於是我開始說話：「樹會數13、14、15，菘還不會，以前菘可以用吸鼻器吸鼻涕，樹也還不會對不對？」

樹說：「我現在會了，我會吸鼻涕了。」說完他用手比畫了吸鼻子的動作。他眼神開始晶亮起來，思考果真是他力量的來源。

於是我問：「那有什麼是菘會了，樹還不會的啊？」樹回答：「菘騎他的車子，我還不會。」我接口：「所以啦！你還不會玩他的車子，菘還不會數13、14、15……我們都是這樣，有時候先會這個，有時候先會那個。你現在知道嗎？」

（我在心裡默默說：「**學習尊重彼此的不同，是很棒的。**」）

樹完全懂了，也平靜了。結打開了，眼神也流動起來。

看到樹好了，菘也輕鬆起來。但是他眼神炯炯看著我，我心裡明白這孩子要我還他一個公道。我看看樹，問他肯不肯跟菘說對不起。看著樹的回應，我知道他還沒準備好。

於是我抱著菘，和妹妹使個眼色，我大聲向妹妹說：「對不起。」妹妹開心的回答：「沒關係！」然後展則愉快的說：「你們兩個好有禮貌喔！」菘笑開了，他的驚嚇得到了安撫。（而我心裡也默默說：「菘，**你有權力用你自己的速度學習。**」）

兩個孩子又繼續輪流騎三輪車，又笑又跑，和諧與默契像是沒發生過事一樣。

對於樹這樣的行為模式，我也學了好久才懂得接納。曾經擔憂他的固執太麻煩，也曾想像他太正，容易得罪人，其實那不就是自己的樣子嗎？我嚴肅又認真、又正又固執……但我不也活得很天真可愛，對人寬厚又識大體？最近我也正在練習活得更本能衝動、更常犯錯。

我明白樹的固執背後有好大的義氣，那是他堅持和兄弟分享他內在世界的一種方式。

樹遇到小益

事情發生在小益跑到客廳吃飯，忽然聽到自己的玩具房裡傳來玩具的聲音，於是他立即大步奔跑，大吼「不要……」宏鐘一樣的聲音傳到客廳依然震撼。然後我就聽到樹的哭聲「哇……」

這是樹接近三歲的故事。

我們帶樹到朋友家拜訪，女主人與我熟，男主人則與展熟，同樣有個年齡差不多的小男孩。兩個小男孩第一次碰面，像是風鈴遇到大鐘，像是小鹿遇上小馬。小益比樹小八個月，兩人塊頭一樣大；小益的精神好壯碩，聲音宏亮，渾然的男孩氣。樹在小益旁邊，顯得纖細敏感脆弱，天真快樂。

事情發生在小益跑到客廳吃飯，忽然聽到自己的玩具房裡傳來玩具的聲音，於是他立即大步奔跑，大吼「不要……」宏鐘一樣的聲音傳到客廳依然震撼。然後我就聽到樹的哭聲「哇……」

果然，我跑到玩具房，看到樹趴在爸爸的腿上，小屁股翹得高高的；看到小益依然生氣，站得挺挺的，像捍衛領土的小戰士。樹的哭泣，小益不收，他挺立在自己的剛強裡。最棒的是在場的四個大人都很穩，旁邊還有個超級平靜快樂的老爺爺（註1）。

我們都專心陪伴自己的孩兒，接納自己孩兒的本性，弱與強，哭泣與生氣。

後來兩個爸爸在外面陪樹玩，兩個媽媽和老爺爺在房間裡陪小益玩。小益特別能跟我互動，一下子就拿他的黏土給我玩。樹很快學到這裡的規矩，玩具是小益的不要碰，地板家具則是大人的，可以碰，可以玩。樹在地板的格子裡跳來跳去非常快樂。

快樂的樹回到房間裡，詢問大人，地板他可不可以踩進來。於是小益玩他的玩具，樹開心的看。兩個孩子逐漸開始一起玩，透過在地板上的奔跑，相互模仿，相互追逐。樹的大笑與小益內斂的笑意，小益宏亮的腳步與樹越來越開放的說話聲。

後來小益騎上他的木馬，前後搖擺像飛一樣，我看到樹羨慕的眼神。（我知道，木馬對他是新奇的。）應該是小益的爸爸提議輪流玩，小益很快學會將木馬與樹分享，兩人學會輪流玩。那真是和諧的時刻，一種流動在現場五個大人和兩個小孩之間。然後，為了玩具火車，樹又哭了第二回，一樣驚天動地。

這回小益站在媽媽的旁邊，眼睜睜看著樹哭，我看到他眼神裡的溼潤，還有理直氣壯。樹這回哭短了些，兩人又再次一起玩起來。第三次樹對玩具有欲望，小益不吼叫，而是整個身體衝上前去阻擋，樹哭了第三回，小益安靜地站在他媽媽身邊，樹安定的被我抱著。小益這回開始敏感到樹的「不哭了」。我感受到樹哭帶給他的壓力，他也在聆聽他心裡的感受（孩子天生的同理心）。

樹學到什麼呢？第三次哭時，樹困在一小空間，被牆壁與小益和媽媽擋住了，他覺得他出不去，即使我陪著他。於是，我問啜泣的他：「你可以數三個黃色給我嗎？」數完顏色，他雖啜泣但平靜些，我再問：「再數三個藍色給我。」

我發現樹的眼光只敢看小益不在的左方，他的視線幾乎不敢越過小益。於是我找到白色，那是小益爸爸衣服的顏色，位於小益的視野右邊。

我說：「那裡有白色的衣服，還有別的白色嗎？再給我三個。」數完白色後樹開始表達：「我想要去找爸爸，我不敢過去。」原來他要找爸爸，爸爸剛好在對面，視線上剛好完全被小益擋住。

現在我明白他困住的感覺了。於是我鼓勵他：「樹，看著爸爸，看見爸爸，穿過小益，然後走過去。」於是樹自己通過了「障礙」，走到爸爸身邊，坐在爸爸身上，回頭看小益。

樹學會了面對他的害怕。

觀看兩個小孩的互動真是神奇，樹學會小益一有衝動靠近立刻退開，小益學會樹──哭少一點，他就放鬆一點。

一旁老爺爺讚嘆，這兩個孩子以後長大不曉得會變成什麼樣？小益好大喔！老爺爺張開雙臂形容，他與我共同看到小益精神能量的充沛。

老爺爺說：「樹大概會變成詩人。」我知道老爺爺看到樹纖細的美。我看到小益的悍，還有內在的濃厚的情，樹的柔以及內在正要發芽的力量。

這真是神奇的相遇，這麼相異的兩個孩子又互補，卻彼此有著吸引力和喜歡。還有兩對很接納，不急著解決問題的爸媽，也是神奇呢！

走的時候，小益媽媽說：「不好意思，請樹下次帶自己的黏土來我們家玩，因為弟弟還沒有學會分享。」真是讓人讚嘆的媽媽。

我感動上天的安排：獨子的樹沒機會學分享；受寵的樹沒機會學退讓；身邊都

是大人的樹，沒機會學戰鬥與和好；溫柔本性的我們，沒機會讓樹品嘗到曠野的健碩；若多有時間，若兩個孩子能多一點相會，對孩子們都是很棒的學習。

註1：老爺爺是個美籍神父，一九六五年來台灣，就留了下來。他是新竹區心理諮商領域的開路先鋒，也是我和這家女主人共同的老師。

好幸福呢

昨夜，我幫你剝著麵包，你一小口一小口吃得開心，後來哥哥說他胃痛，我去照顧他，哥哥賴在我腿上，需求著媽媽。你跑過來說：「媽媽剝。」我說：「媽媽照顧阿樹。」於是你跑過去說：「爸爸剝。」……

旦旦，再一個多月就兩歲的時候，我看見她的「自我」正一層一層如洋蔥皮一樣，一層層長出來。她的混沌倒是少了些，多出許多「形貌」，她越來越有她的個性了。

此刻，我凝視遠方，在內在的視野裡，會看見她在我生命裡刻印的每一個時刻。她剛出生時，飽滿像團粉紅色的光球。她依偎著吃奶時，那直接要索的迷戀，她賴在懷裡熟睡時，全然寧靜平順的感受，她需求不滿足大哭掙扎著尋找安適角度的生龍活虎，她執著著要吃一整顆的小紅番茄時，那麼晶亮的眼睛與堅持；因為我忙而連結不到我又拚命想要賴住我抱著我雙腿時她的惶惑；因我逗她的幾個爆裂音節讓她驚喜大笑反覆開懷的爽朗；她躺在床上，享受我按摩她身體時的沈醉；她第一次吃到水蜜桃，那種毛細孔全開的爽然；她熟睡時，不論是裹在我懷裡，或是趴在床上，那麼怡然無心的樣子；她在地上像一團火球滾動般的爬行，她充滿好奇地學走路以及她在陽光下追著哥哥搖晃地跑著……

寫至此處，我好奇我還能寫多久，寫出多少，這女兒在我記憶裡的刻印？我現在是感動的，飽滿的生命感。這幾年，透過書寫，對於飽含眼淚的身體，已經發展出細緻的辨別訊號，哀傷與感動的眼淚，內在能量是不同的；寧靜的感動與激動的觸動又有不同的流動形式……凝視女兒的安靜時刻，我常在心裡感恩，感謝老天爺讓我們相遇。

這是我給女兒的兩封信：

女兒啊，你就要長成小女孩了，你即將會說話，你即將加入哥哥的行列，在車子裡嘰嘰喳喳爭著要與我們說話……媽媽會永遠記得你寧靜陪伴在我們身邊的時刻。

很有意思，一旦你能和我對話以後，我們之間默存的一種深刻交流，就得要媽媽更有覺知更細膩才體驗得到。因為，說話總會啟動媽媽的思維，媽媽的成熟記憶……而當你處在一種無語言的靜默存有狀態，媽媽會因為你而共鳴出更原始的我，也同樣是無語言不太會說話的內在我。那個我，如同你剛出生一樣，是無邊界的大。

你就要開始與我對話了耶！

我帶著無限的好奇和欣喜，迎接這美麗的階段開始；同樣，我也帶著感恩與珍惜，珍惜這兩年來，因為你，我又重新與內在那無語言的我相依偎。

記得那時候媽媽在想，要不要再生一個呢？哥哥已經三歲半了，要不要再生一個呢？媽媽眷戀渴望的，就是再體驗一次把自己全然給出去的母親歲月，從懷孕、到你出生……到你會爬、會走路……到你開始跟我爭奪權力……如今，你會說話了……媽媽真的要到，我當初想像中，最無法取代的人生經驗。全然的當母親。

在與你相處的時刻，我全然為你敞開，給你我所有的覺知。雖然，在你長大的這兩年，媽媽也熱情地跟隨我的夢想……有好多離開你的時刻；但媽媽給你的許諾我做到了，再回到我們共處的時刻，媽媽就是全然的媽媽，放空的。敞開我的覺知，給出，給你，給哥哥……給爸爸……給整個家。

這歷程，對我而言，是珍貴的，是一次次，我能讓思維算計的腦袋靜默，回復單純天真的我，就只是，單純地，與你們在一起。

女兒啊，你即將會說話了，你即將與我對話，這是多麼讓人期待的事！

以前，當我凝視著你，我偶爾會想像，如果你會說話，在那個片刻，你會說些什麼？這可能就是當媽媽的傻氣吧！女兒，真高興有你，你是一個好會照顧自己，好知道自己要什麼的孩子。而你同時，是一個敞開你的心，能感受到我，感受到別人的孩子。

——二〇〇七年二月二十日，珍惜你尚未學說話的媽媽

親愛的女兒：

前天夜裡，我陪了你好久，於是我累了，我說：「媽媽要去躺著，媽媽累了。」你說：「好。」然後……你一個人站在那裡玩，不到一分鐘，你回頭，看著爸爸，你說：「爸爸，爸爸來照顧旦旦。」你爸爸沒聽清楚，你又說了一次。那時候，你其實已經得到爸爸的心了，爸爸多麼珍惜，能專心照顧你的時刻。而我，很欣賞你，欣賞你，能如此清晰地表達，你要的照顧。

忘了哪一天，就在這一兩個禮拜，你開始會說：「旦旦好餓。」你還會說：「旦旦累了……睡覺。」你會說：「旦旦腳冰冰……穿襪襪。」你說：「旦旦好飽……不要。」你說：「旦旦想睡……媽媽陪……床上。」

昨天你說：「旦旦好餓……一包（麵包）。」等我烤了麵包，抹上花生醬，你又說：「媽媽包。」（要把塗醬的那一面摺起來），後來你又說：「媽媽剝（指掰開麵包成小片）。」

我很著迷於聽見，你如此清晰而簡單地，就讓我知道你的需求……我也越來越開心，你表達了需求以後，越來越能有彈性地，也聽見我的需求。

昨夜，我幫你剝著麵包，你一小口一小口吃得開心，後來哥哥說他胃痛，我去照顧他，哥哥賴在我腿上，需求著媽媽。你跑過來說：「媽媽剝。」我說：「媽媽照顧阿樹。」於是你跑過去說：「爸爸剝。」……

爸爸在那頭，媽媽與哥哥在這頭，你開心極了，兩邊跑，一邊去找爸爸剝麵包，享受麵包的好吃，又跑過來，萬分興致地看著哥哥說：「阿樹……睡。」（當哥哥閉上眼睛）再一次，要了口麵包，又跑過來，摸摸哥哥臉：「阿樹沒有睡。」（哥哥打開眼睛）

我覺得，我們像是太陽與月亮，而你是奔跑於兩邊的孩子。

早上，我很早就醒來了，但我賴在棉被裡。不是因為寒流的冷，而是因為賴在你們身旁的平和。我體會到，你們三人安靜睡著的床上，對我而言，是多麼平和的能量場。而我，能窩到裡面，彷彿被一團平和的暖流包圍著，再也不孤單了。於是，我就是窩著，窩在床上，萬分清醒地，感受這幸福。

有了這次經驗，我更能反身體驗你，明白你喜歡窩在我身邊，哥哥也喜歡靠著我……你們巴望著的，是什麼？是我的能量場形成的窩吧！你們只要靠近我，就能感受到回家。

這是哥哥和你小時候，我曾經給過的許諾，讓媽媽的身體成為你們的家，無論在哪裡，只要靠近我，就是回家。因為熟悉喜歡我的氣場氛圍，所以，靠著我，帶給你們好大的安定力量。如同早上，我窩在你們三人形成的氛圍場裡。

好幸福呢！

我和你爸爸相遇了，我們克服好多困難，終於成為一家人。

然後你哥哥來了，他的甜美與脆弱，讓媽媽變成一個好會愛人的媽媽。

最後你來了，你的生動和力量，讓我歡喜又享受。

好幸福呢！好好珍惜。

讓我們一起謝謝，天與地，良善與慈悲。

——眷戀你每一個時刻的媽媽，二〇〇七年十一月二十九日

大小男人的戰爭

大小男人兩人本來玩得好好的，然後樹抓了一把代幣扔向老爸的身體，老爸回他一把，兩人就一來一往停不了了。

展爸和樹在孩子三歲五個月的時候，經常有戰爭，小小的戰火時而點燃……

面對父子的爭戰，我學習不介入；在我心情受干擾時離開現場；狀況好時能做的就是：「人際動力反應」，以及個別的「聆聽」，他們通常會圓滿落幕。我不擔憂，不在心裡批判，是支持他們的最好能量。

我開始感激在樹三歲半時，父子兩人就開始練習面對衝突。一回生二回熟，我在心裡祝福，這兩人從現在就開始練習衝突，等樹十三歲時，青春期的父子關係，讓人拭目以待。話說回來，兩父子是越吵越親密，像是兄弟與朋友的好情誼。

樹和我的關係很少陷入戰爭狀態，比較多的是我傷心，他靜默（一種女性心裡的負心男人陰影）。我要學習的是更釐清自身脆弱情緒的界限，讓孩子同時情緒上自主獨立，而又有力量開放去關懷別人。我們的關係比較像母子，親代界限清楚，權力分權無爭。

以能量上來看，展與兒子的關係，反映了他與男性能量的關聯；而我與兒子的關係，也有我與男性的過往牽連。展爸童年時是用退出衝突來處理與父親的關係。而現在的他，正運用這一次次的機會，學習用溫柔來面對自身內在壓抑的男性權力需求的陰影（它以對尊嚴過於敏感、凡事都牽涉到輸贏，或以暴力形式展現等面貌出現）。而我自小受男性寵愛慣了，所以對冷漠的男性適應不良，經常過度反應。我得學會穩穩地坐在中心，不被表象的行為引發自身的驕傲與脆弱。

說幾個大小男人衝突的故事，有大男人的學步走，也有小男人對力量的堅持。

故事一：說謝謝。

小男孩的坦克車壞了：「爸爸，你幫我修坦克車的大砲。」爸爸心裡是很想修的，但他想趁機做禮貌教育：「孩子，你說『請』，我就幫你修。」大小男人耗上了，小男人不肯說「請你」，大男人也被自己訂的條件卡住了，動彈不得。

一旁急著要外出的媽媽心裡又急又煩，知道唯一能做的就是照顧自己，讓心情愉快，於是不管時間，拿起書來蹺起二郎腿看書。讓兩個男人有自己的處理空間。

後來大男人想了辦法：「我們來猜拳，你贏了就不用說請，爸爸也幫你修。」小男人心裡自有打算：「我覺得猜拳不是我的辦法，我的辦法是1、2、3。我的辦法就是：1你幫我修，我不要說請。2就是你拿我的枕頭塞到我的屁股下面。」（這孩子學會了我們的選擇法，現在用到我們身上了。）

大男人聽不懂，一旁的老婆忍不住幫忙翻譯：「你願意把枕頭放到他屁股下，他就願意說請了。」於是，爸爸將兒子心愛的枕頭塞到孩子屁股下，孩子說：「我用我的方法，我不要說『請』。」孩子非常燦爛的笑對爸爸說：「謝謝你幫我修坦克車。」我聽見老公心裡的爽和驚喜，「說謝謝跟請是一樣的，可以了，我幫你修。」衝突通過，三人愉快的出門。

我讚嘆兒子的創意，他在學習權力衝突的僵局下，如何用自己的方式替自己找台階下，我向老公解釋我的理解：「有了枕頭，滿足他心裡的柔軟和接觸需求；枕頭坐在屁股下他身高提高了，平衡了他人小的低微感；然後他採用說謝謝來取代請，滿足了他內在控制的權力感。」

故事二：打架遊戲。

在我這做媽的眼裡，大小男人兩人本來玩得好好的，然後樹抓了一把代幣扔向老爸的身體，老爸回他一把，兩人就一來一往停不了了。大男人是有節制的，他反映著兒子的數量、力道與丟到身體的部位；小男人是屏息與專注的，他知道若丟到頭或臉部，老爸就會翻臉了。

女人則對暴力反感，知道這是自己的弱點，若受不了又會干涉，於是眼不見為淨，摺衣服去了。

一會兒，小男人變成小男孩，靜默地走過來抱住媽媽的大腿。媽媽抱一下就好了，小男孩自己玩去！大男人輕鬆地走到廚房洗碗，老婆問他需不需要抱抱。事情就這樣完成了，三人一下子就又愉快地玩在一起。至於他們誰先停止？我到現在還不曉得呢！我只知道，兩人是越打越親密的。

故事三：加入老男人的暗潮洶湧。

每次帶樹去阿祖家吃飯都會有緊張場面，尤其是我們剛見面的第一頓飯。阿祖會萬分想念曾孫子，期盼樹的熱情；樹會遮遮掩掩，硬是不要開口大聲喊「阿祖！」

樹先是躲在門外遲遲不進門，一進門又趴在沙發上，只顧玩貼紙簿。阿祖也身經百戰了，這回他沒發火也沒大聲要求，逕自離開。於是展爸說話了：「樹，你跟阿祖這樣好多次了，爸爸這次決定靠阿祖那邊。你不跟阿祖說話，我也不跟你說話。」然後展爸也離開了。

落單的樹大喊：「媽媽你在哪裡？」（親職書說：雙親俱全的好處在於，孩子有籌碼和母親或父親吵架，發展獨立性。）媽媽來了，問孩子：「告訴我發生什麼事？」樹說：「我不跟阿祖說話，爸爸靠阿祖那邊了。」說完他自我解嘲的笑笑。

我問：「那你現在打算怎麼辦？」小人兒說：「等我貼完這五張貼紙，我就要跟阿祖說話了。」我開心地陪他貼完五張貼紙，阿祖剛好回來。阿祖問：「這幾天跑去哪裡啊？阿祖都看不到你。」（老人家是真心喜歡這曾孫）

小人兒看著阿祖說了好多話，但阿祖的重聽加上樹緊張聲音小，硬是搭不上線。（我想用能量支持孩子的勇氣，卻發現他渾身僵硬，平常的活力流動僵住了。）小人兒試了幾次，阿祖還是沒能聽懂。

小人兒說：「我的嘴巴卡住了。」阿祖說：「我是不是聽錯了？」

啊，這真是動人的一刻，兩人都往內省的路上走。我看到樹越來越願意主動嘗試，阿祖也越來越能聆聽而不說教。一旁的展爸則是安穩地靠邊站，這回他還四平八穩的。（以前每回阿祖與樹對立時，展靠兒子站，想替兒子說話，都會得罪這家裡最有權威的老男人。）一旁阿嬤與阿公也早學會不干預靜靜觀看，也不曉得他們緊不緊張。

樹出生在一個硬漢男人的家族，他是第四代。第三代的展爸，是用溫柔包裝自己的硬漢，直到當爸以後才開始解開溫柔的外包裝，兒子則是他最佳的盟友，兩人一起磨練男子氣概。而老婆則是他練習面對衝突的最佳戰友（我們倆在夫妻戰場上早已是驍勇善戰了）。

第二代的阿公，剛好到了後中年的柔性整合期，與孫子在一起時又溫暖又有童心，在社會與工作上保有男性的氣概與尊嚴，在孫子面前則是個可親的阿公。

第一代的阿祖，是整個家族的支柱，我從來沒看過那麼挺的背脊，那麼堅定的生命力。只是他沒機會學習柔軟，大家都怕他，所以他一直是大聲說話的習性。家族裡會撒嬌的只有住在台北的小姑姑。

為這硬漢家族，我能貢獻什麼？磨練樹有更直的背脊和勇氣，同時更善於聆聽和表達吧！

兄妹吵架新解

「我的面具！」「我的面具！」樹嚷嚷著，旦尖叫抓得更緊。

兩個小孩就是會競爭父母的關注，無論如何。而這也是我們學習與同儕相處的開始，除了競爭，還有共命、合作，以及互相照顧。我關心的是，當父母的要如何做，才能更讓他們合作與互相照顧。

我常開玩笑，旦旦現在生活裡唯一的壓力就是哥哥。當她還沒有行動力時，哥哥是她仰慕的對象，整天就看著哥哥笑；當她有行動力時，哥哥是她仿效的對象，哥哥玩什麼，她就湊過去，搶著玩。當然，哥哥覺得自己的玩具被拿走，會搶回來，於是兩人會吵架。

是的，旦旦大了，一歲四個月，會說話，有行動力，有自我界限與意識，兩個人就開始吵架了。旦旦開始學會，當哥哥靠近時，她就會緊張，總是好像有什麼會被奪走；她學會尖叫，先發制人地，感受自己有掌控感。

我也開玩笑，樹生活裡最大的失落，就是從媽媽肚子很大以後，到嬰兒出生……他失去媽媽全然的陪伴。他學會接納「媽媽現在不能抱我了」。

大多數時候，他是爸爸的兒子。爸爸跟媽媽就是不一樣，爸爸陪他跑步下圍棋玩樂高踢足球，與爸爸在一起，樹興奮狂喜或失落挫敗（父子倆也有男性的競爭與衝突）。樹說：「我最喜歡爸爸了。」……然後他偏頭想一想：「可是到了晚上，我最喜歡媽媽了。」「爸爸是太陽，媽媽是月亮。」這是我的詮釋。晚上，是寧靜平和的時光，我雖大部分被旦旦佔據，但還是能陪他，說故事，抓背，作靈氣。

兄妹倆爭奪玩具是常事，當父母的我們，即使有覺知要公平，但有時，我們還是會要求樹退讓。

旦一歲六個月，樹五歲兩個月。兄妹倆開始走出不一樣的動力。

某天晚上，樹很開心玩一個紙面具。（很久以前，爸爸陪他做的。）旦旦東晃西晃，沒有特定焦點。直到旦旦打翻一大杯芒果汁，我忙著擦地板。正在洗澡的展爸，還不知他的樂高已經泡到芒果汁了。因為我忙碌，旦沒有依附的對象，她去找哥哥，開始動手搶起哥哥的面具。

我忙著清洗抹布，聽見兩人的尖叫，感覺「被搶」的旦旦尖叫著，樹節制他的生氣，一手抓著面具，一手拍打面具。（他想拍的應該是妹妹的手吧！）

「我的面具！」「我的面具！」樹嚷嚷著，旦尖叫抓得更緊。我決定不管事，繼續清洗抹布。然後就是，面具撕破了，唰一聲，旦旦一半，樹一半。接著就是樹的大哭，好大的哭，他張大嘴巴：「哇，我的面具。」「我的面具破了。」旦也大哭，兩個小孩站在一起，兩張嘴張大，大哭。

樹一哭不能收拾，旦旦一下子就不哭了。

她覺知到哥哥的哭，她走到一旁，靠在桌子旁邊，面對哥哥，看著哥哥哭，她安靜下來。我決定不管事，我停下來，看樹哭，看旦旦安靜。我想觀看，接著會發生什麼事？

樹純粹就是宣洩能量，他想哭，讓他盡情吧！爸爸在浴室聽見聲音，快快洗完澡，出來管事。他說話：「這個面具破了，可以怎麼樣呢？」他想了許多個辦法。樹依舊哭泣，但音量減少，外洩的能量開始回到內在。

這時候，旦旦坐在我懷裡，我說：「爸爸，你知道面具是誰撕破的嗎？」

我說：「旦旦拿了哥哥的面具，哥哥一手抓著旦旦，一手打面具，哥哥很厲害喔！他沒有打旦旦，他打自己的面具，然後，兩個人一用力，就一起把面具撕破了，是兩個人一起撕破的，不是旦旦，也不是樹。」

「旦旦也很厲害喔！哥哥哭的時候，她站在這裡很關心地看著哥哥。」

在我熱鬧的讚嘆聲之後，空氣忽然變得很平靜。

於是，我跟展爸說：「你的樂高泡果汁了！」展爸看局勢平靜，去清洗他的寶貝樂高。我跟孩子們說：「來，陪我一起擦地板吧！看，地板有螞蟻喔！」很神祕地，樹勤快地加入，他喜歡在地板噴洗碗精，擦出一堆泡沫，他喜歡尋找小螞蟻，喊著喊著：「在這裡，在這裡，我找到了。」

旦旦也進來了，她喜歡在滑滑的地板走來走去，幫忙收拾地板的小玩具。展忙著清洗他的樂高，我們三人，挺開心地擦地板，我喜歡地板變乾淨。

神祕地，沒有人再提面具的事情。

事後我回顧，很高興，旦旦學會看見哥哥的脆弱；也很高興，樹終於在兄妹爭執裡，顯露他的無助。很高興，旦旦學會關心哥哥，而不是陷入被制約的緊張防衛；很高興，樹感覺到我肯定他愛護妹妹的心（沒有打旦旦喔，他打面具）。很高興，兄妹的爭執，終於有了新版本。

這新版本來自於，在爭執期間，我不管事。我管的是爭執結束後，像鏡子一樣，說出我的看見。**沒有對與錯，就是每個人都在「為自己」與「愛護別人」間學習平衡。**然後，每個人都有很棒的地方，可以被我看見與說出來。我們就是這樣學習與成長，競爭是必然的真實，如何平靜心，不過度保護，讓兄妹倆在其中學習。

隔天，我精心地將面具貼滿透明膠帶，挖雙眼洞（這是樹昨夜要求的），讓面具有個新生命。是的，兄妹關係可以有新生命，在父母帶著信任看見時。

水痘與成熟

樹談論水痘的語氣，可愛極了：「這顆是最老的，所以它現在變黑了，這些比較年輕，它們還在長大。」

樹在滿五歲後發水痘。

水痘？這是水痘嗎？某日睡前，看到樹的頸子額頭，滿滿的紅疹子，我好奇地問老公。隔天早上，疹子更多了，展載樹去給阿公看（阿公是醫生），確認是水痘後，就直接請一個禮拜的假，在家休養啦！

難道沒有打預防針嗎？翻遍他的預防針卡，的確沒有。隱約地，想起小兒科醫生問我：「要自費打水痘預防針嗎？」我說了：「既然原來卡上沒有，就不用吧！」當時心裡模糊想，發發水痘，也算是讓身體生態長大的歷程吧！

看著兒子滿身滿臉長出紅疹，長大的紅疹脹水發紅發亮的樣子，還是會質疑當時的決定。一週過去了，大部分的痘子消失，剩下稀落的黑色疤痕，確認不會傳染了，樹早上才去上學。

這一週，我去上了四天的家族排列研習，婆婆也有一天要離開，加上我多接了一天台北的演講……大部分時候，都是爸爸陪伴樹。我即使把除此之外的時間都用來陪他，陪的時間還是不多。

水痘週期結束了，讓我來回顧這歷程：

謝謝這次的機緣，讓我發現樹身上，忍耐與謹慎的功力。

確認是水痘後，我認真跟他說：「樹，你的身上會開始長滿許多水泡，會很癢喔！你的挑戰就是：不能抓。」「抓了會怎樣？」我自問自答：「抓了會破皮，會長更多水痘，還會留下一個洞，變醜。」

「記得舅舅嗎？下次注意看，他臉上有幾個小洞，就是小時候他忍不住抓破皮，留下來的洞。」「所以，記得喔！為了你臉蛋的漂亮，要忍耐喔！」「如果很想抓怎麼辦？那你就找爸爸媽媽，我們幫你擦藥好了。」

感謝我的藥劑師同學，她提醒我，有種水痘膏，擦了可以止癢。我們雖沒買到，但買到藥妝保養品，透明的水狀凝膠，清涼退紅。加上醫師給我的巴哈花精處方，配合樹性格的兩種花，樹溫和而開朗，忍耐而不悶。停止吃冰涼飲料，多陪伴他開心遊戲，樹的愉快，一點都沒減少。

就這樣，樹展現他的耐性，七天以來，只要清醒，他沒抓過自己的疹子。他會在半夜熟睡時不自覺地抓癢，溫柔的展爸，會用一盞小燈，尋找他的癢處，用棉花棒幫他擦藥，略微清醒的意識一在，他就能忍住，不再碰癢處。

他跟我說：「媽媽，最好的就是，癢的地方沒有長水痘。」他會細心地尋找皮膚完好之處，沿著水痘邊緣，輕輕抓癢。他談論水痘的語氣，可愛極了：「這顆是最老的，所以它現在變黑了，這些比較年輕，它們還在長大。」

我看見他，很平靜而自然地與疾病相處。他很平靜，沒有發燒，沒有受其他的苦；精神的疲憊也只有前兩天，後來就一直有好精神，愉快地生活著。

我買了二十片vcd陪他，《哨聲響起》，他正迷的足球卡通。我說：「家裡早上不看電視的規矩，為了讓你忘記水痘的癢，我們破例吧。」

他會在清晨七點多就醒來，靜靜地看著我，我會說：「先看書，至少等八點半，再小聲地偷偷看。」足球卡通裡的風祭將、水野、阿成……逐漸成為家裡的談話主題。樹在家滿場跑，練習踢足球。

一週的水痘假，就這樣安然度過。一週的時間，我與樹更親近，一種深層的信任與喜歡，喜歡孩子的安在。

這一週，全家的相處滿檔。與孩子之間，有許多的歡樂，展因工作時間過少，而呈現失去動力與困惑狀態，卻因此而與好友深談，找到更清楚的方向與路徑。我因完全沒有打開電腦寫字的時間，所以有很多的時刻，處在安寧的中心，與潛意識更有接觸。

這一週，樹與他的水痘相處，我則與鑽耳洞的「傷」共度，鑽耳洞之處，其實就是個小傷口，依然微熱發紅，輕癢。感謝存在，這一週，我們很深地與世界和平共處。

最失衡的也許是展爸，付出越多的他，若我們忘記回應以溫柔與感謝，敬重與回報，他的憤怒總是看得見。同樣在修行之路的他，一直沒有將憤怒以憤怒的方式隨意給我們，而我卻看見他的悶與黑色。

某天中午，因為我與旦旦的對峙，女兒哭了一陣，後來樹又因舌頭痛（吃鳳梨刮到了）而哭泣，展受不了了。他跟兒子說：「不是你停止哭，就是我走。」他提早離開，吃飯中途，他離家。

我們倆心裡知道發生什麼事，我說：「孩子還有我，我們會很好。」他跟樹說：「爸爸因為旦旦哭太久，哭對我太多了，加上你的哭停不下來，我先離開了。」他還細心地把午餐能收拾的都先收拾好，再離開。

悶著的爸爸離開，家裡平靜下來，因為我很安穩、成熟地，成為孩子的媽，專注地陪孩子，孩子只要有一個大人專注地在，就可以很當下，樹的舌頭痛也不哭了，他不受影響地吃完午餐，旦旦與我早已和好，我們倆親密極了。

我的心，何以能如此平靜安穩？以前的我，應該會自憐生氣或孤單吧！現在的我，很清楚明白，身為母親的神聖與力量，我不孤單，因為我的身後，有父母給我完整的生命，因為我的背後，有許多靈性之光，陪伴著我。

因為，我認了天父與地母，是我更大的父母，我的孩子個性，不須用來需求老公，而是能臣服於真實的開放。

展過度付出而失衡，是真實。他有他對情緒的承受限度，是事實。他選擇離開，是為了防止自己爆發，是我的理解，我可以選擇平靜與接納，是事實。孩子需要我的專心與當下，是事實。於是，我接納而平靜，而展離開後，是否真心平靜與自己內在的混亂相處？我則不曉得。

若他能認真凝視對待自己內在的混亂，而不將之推到我與孩子身上，他的能量可以引導他碰觸深處的傷口，而有一療癒的機會。若他從我們這裡逃開，也就逃開自己內在的傷口，那他的負向情緒能量，一定會找到出口，產生影響力，也許是他的工作，也許是他的健康。

我的看法是：

他無法承受的，並不是旦旦的激烈哭泣，或樹的抱怨式哭泣，而是他對於自己不能展現軟弱的強力壓迫，憤怒的反轉，還有他不能允許自己控制別人的自我要求。

這一週是精采的一週，樹長水痘，我在性格轉型與密集工作，旦旦更自主而堅定強烈彰顯主權，而我減少溫柔，堅持自己的做法，凝視真實而不在意和諧，這都帶給展刺激與壓力。

我寫了文字給老公：

親愛的老公，你中午那麼溫柔地提早離開，既體貼到我們又尊重了自己，我很欣賞。我正好奇而興奮地，等著看你的潛能被激發出來。如同卡通裡足球場上的孩子們，一個個變得強壯而有活力。一個既真實又充滿熱情的你，耶！

水痘，是疾病，也是促使成熟的歷程，身體從此有了免疫力。暫時離開，也是促使關係親密的小步驟，當帶著愛接納。

輸與贏的世界

菘哭得宏亮，大聲喊著：「我不要輸。」「我不要輸！」他一次次說著，眼淚掉出來。

滿四歲兩個月。樹感覺長大一些些，回娘家與菘表弟一起玩時，可以不需要大人陪，兩人一起玩個一整天不倦怠。大人能如此輕鬆的重點是：兩人都有協商的理性能力，不用吵架了。

菘長出了理性與柔性，不像以前經常尖叫大喊；樹長出了堅定與勇敢，不似以前動不動就大哭。

這天他們倆玩「甲蟲王者」卡，一下子，菘大哭起來，是那種驚天動地，真正的哭。（在我心裡，哭有好幾種，真正的哭就是純粹為了哭而哭，沒有別的目的。）

菘哭得宏亮，大聲喊著：「我不要輸。」「我不要輸！」他一次次說著，眼淚掉出來。

在旁邊大人還沒出口前，我大大讚賞他起來，「嗯，菘長大了。」「你不想輸喔！」「真好，你知道這是個有輸有贏的世界了。」「是很傷心嘛，值得好好哭一下。」

他坐在媽媽的懷裡抱著媽媽的脖子，徹底哭一場。

樹安安靜靜的等待，旁邊也沒其他人說話。

小孩似乎都不愛輸。

因為有個好玩又多策略的爸，樹的世界有太多「輸」的經驗；常陪菘玩的大人則是外勞阿和，為了讓菘不哭不吵，阿和總是故意讓菘贏。於是，菘極少有輸的經驗，那天與樹猜拳玩甲蟲王者遊戲時，菘感受到輸的威脅，於是他開始哭泣。真好，他哀悼失去一個虛幻的無輸世界，四歲。他迎接一個有輸有贏的真實世界。

在菘哭的前天晚上，樹還滿臉鬱悶地問我：「為什麼爸爸猜拳總是贏？」我答應幫他問爸爸，「為什麼爸爸總是能贏樹？」於是睡前刷牙時，爸爸教樹，當他要出剪刀前，他的手勢長什麼樣子？當他要出布之前，他的手勢又哪裡洩露訊息。

樹歡天喜地跑來跟我講爸爸的祕密，於是我陪他練習，不讓人家事前看出端倪的猜拳習慣。那天菘哭的時候，樹安安靜靜地，也許，他很能體會表弟的感受吧！

早上我帶兩個孩子去咖啡店吃早餐，昕睡著了，我陪樹下五子棋。超不愛贏的我，很有耐心地提醒樹哪裡該擋我，因為我有「活3」喔！帶著他分析棋盤，下哪兒好，既可以擋人，又可以自己成2，我看到他眼睛裡，閃爍著好奇的求知欲。

在與我互動的世界，輸贏不是主題，互相陪伴才是重點。

下了一小時棋，旦醒來，三人離開咖啡店。一路上，樹還津津樂道，什麼是活3，什麼是死4，要怎麼樣才能怎麼樣。我喜歡聽他熱切討論的聲音。

爸爸陪他到百貨公司玩甲蟲王者，陪他瘋狂地玩大富翁（現在進展到幸福人生版），阿嬤家的外勞May陪他玩積木。我則是陪他畫畫和下棋的媽。

孩子喜歡複雜的遊戲。孩子喜歡一再反覆地經驗，直到他能消化運作經驗為止。很快能掌握經驗的大人，陪孩子玩時，就得多開一個世界，當我陪樹下棋時，我不是在下棋，我是享受人的遊戲。

驚喜的蒲公英

「你要慢慢騎喔，風不要太大。」握著摩托車的樹叮嚀著我。

這篇是展爸在樹四歲兩個月寫的日記。

二〇〇六年三月二十七日

週二，是工作最忙的一天。我們給樹一個「週一有選擇不上課的權利」，也意味著其餘日子工作量的壓縮。腦袋被「行事曆」、「未完成工作」、「完美自我期許」壓迫著，脾氣在失控與接納放鬆間擺盪。

用計數器精準控制出門的時間點。當鈴聲大作，剛好旦飢餓嚎哭著，伴隨著樹大喊：「我要大便！」是的，這是混亂忙碌的早晨。其實每天都是。

在馬桶前等著他，樹有著認真屏息的表情。「樹，爸爸今天很忙，工作很多，待會到幼稚園，你要乖乖下車喔。」卜咚卜咚的水聲回應我。

摩托車載著他，鄰居帶笑說，父子同色外衣，宛如父子裝。機車緩行綠樹間。

「爸爸，你要帶我去哪？」樹問。我回答：「你去幼稚園，我去工作。」

樹很安靜，是那種心中有情感在消化的樣子。我感覺些微心疼，卻也有股「大義凜然」，前行正道的決然。

春暖花開。

「樹，你看，蝴蝶在飛！」我指著路邊的白粉蝶，稍放慢機車速度。他頻頻回首。然後前方又是朵朵蝴蝶。「啊！蒲公英！」他興奮的尖叫，宛如發現好東西。我靠邊停車：「想摘嗎？」他用力點點頭，一溜煙跑過去，滿臉笑意蹲在草地上。小指甲戳著滿載小傘的花莖，我伸手過去俐落地切下，他一臉羨慕收下。「還要這枝！」他試著用小手，學我雙手擰轉，然後搖搖頭，鬆手放棄：「不行……爸爸你來。」

我眼珠子轉轉：「給你一把刀子，用切的吧！」我抽出鑰匙，示範如鋸子，協助他拿好定位。「嘿……」樹喜孜孜地拿著自個兒切下來的花莖。

「你要慢慢騎喔，風不要太大。」握著摩托車的樹叮嚀著我。在幼稚園面對著來迎接的老師，他害羞又驕傲地豎起手上的兩朵白棉球。回頭揮揮手，他踩著沈穩步伐進去。

去工作的路上，我彷彿一直看見，蒲公英種子帶著小翅膀，乘風飛舞。

國家圖書館預行編目資料

做情緒的小主人：一對諮商父母的教養書
／王理書著. -- 初版. -- 臺北市: 寶瓶文化,
2009. 05
面； 公分. --(catcher ; 29)
ISBN 978-986-6745-72-0 (平裝)
1. 親職教育 2. 情緒教育 3. 子女教育

528. 2 98008038

catcher 029

做情緒的小主人——一對諮商父母的教養書

作者／王理書

發行人／張寶琴
社長兼總編輯／朱亞君
主編／張純玲・簡伊玲
編輯／施怡年
美術主編／林慧雯
校對／張純玲・陳佩伶・余素維・王理書
業務經理／李婉婷
企劃主任／艾青荷
財務主任／歐素琪　業務專員／林裕翔
出版者／寶瓶文化事業股份有限公司
地址／台北市 110 信義區基隆路一段 180 號 8 樓
電話／(02) 27494988　傳真／(02) 27495072
郵政劃撥／19446403　寶瓶文化事業股份有限公司
印刷廠／世和印製企業有限公司
總經銷／大和書報圖書股份有限公司　電話／(02) 89902588
地址／新北市五股工業區五工五路 2 號　傳真／(02) 22997900
E-mail／aquarius@udngroup.com

法律顧問／理律法律事務所陳長文律師、蔣大中律師
如有破損或裝訂錯誤，請寄回本公司更換
著作完成日期／二〇〇九年三月
初版一刷日期／二〇〇九年五月二十日
初版四刷日期／二〇一五年九月十四日
ISBN ／978-986-6745-72-0
定價／三〇〇元

愛書人卡

感謝您熱心的為我們填寫，
對您的意見，我們會認真的加以參考，
希望寶瓶文化推出的每一本書，都能得到您的肯定與永遠的支持。

系列：Catcher029　　**書名：做情緒的小主人——一對諮商父母的教養書**

1. 姓名：__________________　性別：□男　□女
2. 生日：______年______月______日
3. 教育程度：□大學以上　□大學　□專科　□高中、高職　□高中職以下
4. 職業：________________
5. 聯絡地址：____
   聯絡電話：__________________　手機：__________________
6. E-mail信箱：______________________________
   □同意　□不同意　免費獲得寶瓶文化叢書訊息
7. 購買日期：_____ 年 _____ 月 _____日
8. 您得知本書的管道：□報紙／雜誌　□電視／電台　□親友介紹　□逛書店　□網路
   □傳單／海報　□廣告　□其他
9. 您在哪裡買到本書：□書店，店名____________　□劃撥　□現場活動　□贈書
   □網路購書，網站名稱：______________　□其他____________
10. 對本書的建議：（請填代號　1. 滿意　2. 尚可　3. 再改進，請提供意見）
    內容：__________________________
    封面：__________________________
    編排：__________________________
    其他：__________________________
    綜合意見：____
11. 希望我們未來出版哪一類的書籍：__________________________

讓文字與書寫的聲音大鳴大放

寶瓶文化事業股份有限公司

（請沿此虛線剪下）

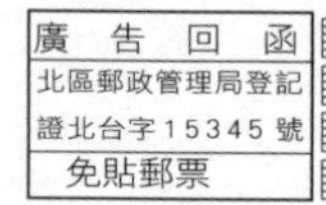

寶瓶文化事業股份有限公司　收

110台北市信義區基隆路一段180號8樓

8F,180 KEELUNG RD.,SEC.1,

TAIPEI.(110)TAIWAN R.O.C.

（請沿虛線對折後寄回，謝謝）